Os Brics e a Ordem Global

FGV EDITORA

FGV de Bolso
Série Entenda o Mundo

Os Brics e a Ordem Global

Andrew Hurrell
Maria Regina Soares de Lima
Monica Hirst
Neil MacFarlane
Amrita Narlikar
Rosemary Foot

ISBN: 978-85-225-0718-4

Este livro foi editado segunda as normas do Acordo Ortográfico da Língua Portuguesa, aprovado pelo Decreto Legislativo no 54, de 18 de abril de 1995, e promulgado pelo Decreto no 6.583, de 29 de setembro de 2008.

Os artigos que compõem este volume foram publicados originalmente em International Affairs (London, v. 82, n. 01, Jan. 2006.), e são reproduzidos aqui com permissão.

"Hegemony, liberalism and global order: what space for would-be great powers?" (Andrew Hurrell, tradução de Dani Kaufmann Nedal)

"Brazil as an intermediate state and regional power: action, choice and responsibilities" (Maria Regina Soares de Lima, Monica Hirst, tradução de Dani Kaufmann Nedal)

"The 'R' in Brics: is Russia an emerging power?" (Neil MacFarlane, tradução de Ricardo Avelar)

"Chinese strategies in a US-hegemonic global order: accommodating and hedging" (Rosemary Foot, tradução de Dermeval Aires Júnior)

"Peculiar chauvinism or strategic calculation? Explaining the negotiating strategy of a rising India" (Amrita Narlikar, tradução de Ricardo Avelar)

1ª edição - 2009
1ª reimpressão - 2011

Cordenadores da Coleção: Marieta de Moraes Ferreira e Renato Franco.

Preparação de originais: Elisabeth Xavier de Araújo.

Revisão: Fátima Caroni e Marco Antônio Côrrea.

Editoração eletrônica: FA Editoração Eletrônica

Projeto Gráfico: Dudesign

Capa: Dudesign

Ficha catalográfica elaborada pela
Biblioteca Mario Henrique Simonsen/FGV

Os Brics e a ordem global / Andrew Hurrell...[et al.]. - Rio de Janeiro : Editora FGV, 2009.
168 p. - (Coleção FGV de bolso. Série Entenda o mundo)

Inclui bibliografia.

1. Relações econômicas internacionais. 2. Desenvolvimento econômico. I. Hurrell, Andrew. II. Fundação Getulio Vargas. III. Série.

CDD -
338.9

Sobre os autores

Andrew Hurrell ocupa a cadeira Montague Burton em Relações Internacionais na Universidade de Oxford.

Maria Regina Soares de Lima é professora de Relações Internacionais do Instituto Universitário de Pesquisa do Rio de Janeiro.

Monica Hirst é professora de Relações Internacionais da Universidade Torquato Di Tella, em Buenos Aires.

Neil MacFarlane ocupa a cadeira Lester B. Pearson em Relações Internacionais na Universidade de Oxford.

Amrita Narlikar é professora de Relações Internacionais na Universidade de Cambridge.

Rosemary Foot ocupa a cadeira John Swire em Relações Internacionais do Leste Asiático na Universidade de Oxford.

Sumário

Introdução

Hegemonia, liberalismo e ordem global: qual é o espaço para potências emergentes?*

Andrew Hurrell

Em um sistema internacional dominado pelos Estados Unidos não surpreende que o comportamento (potencial ou real) de importantes países de segunda ordem seja objeto de interesse. Os artigos desta coletânea examinam algumas das reações de Brasil, Rússia, Índia e China à hegemonia norte-americana e ao caráter cambiante da sociedade internacional. Neste texto exponho algumas das principais questões sobre as opções de política externa desses países, bem como algumas das principais categorias conceituais e teóricas nas quais podemos enquadrar essas questões.

A primeira seção examina as razões pelas quais podemos tratar esses quatro países como membros de um mesmo grupo. A segunda seção consiste na exposição de duas das perspectivas teóricas mais comuns a partir das quais as pressões sistêmicas sobre esses países têm sido compreendidas. A terceira e

* Tradução de Dani Kaufmann Nedal.

mais extensa seção considera estratégias e opções, existentes ou potenciais, divididas em cinco blocos: a preponderância regional e o *status* de grande potência; as instituições internacionais e a participação em instituições internacionais; as relações com os Estados Unidos; a viabilidade de uma política de balanceamento* e, finalmente, as conexões entre o desenvolvimento econômico e a política externa. A ênfase recai na compreensão das opções de política externa e não na avaliação dos recursos de poder desses países ou de suas trajetórias econômicas.

Brasil, Rússia, Índia, China: fatores comuns e características distintivas

Por que focar esses quatro países em particular? A primeira razão é que todos parecem dispor de recursos de poder militar, político e econômico; alguma capacidade de contribuir para a gestão da ordem internacional em termos regionais ou globais, além de algum grau de coesão interna e capacidade de ação estatal efetiva. Particularmente nos casos de China e Índia, os altos níveis de crescimento econômico têm atraído atenção, motivando projeções sobre as implicações políticas e geoeconômicas do desenvolvimento econômico futuro desses países.[1] Dando continuidade a uma antiga linha de comentário, analistas no final da década de 1990 identificaram o Brasil como "Estado pivô" ou um dos "10 grandes" mercados emergentes: "países como China, Índia e Brasil estão adquirindo poder suficiente para alterar a realidade da política e econo-

* Nota do Tradutor: Balanceamento, ou *balancing*, no original em inglês, é tido como a contraposição ou resistência ativa de um país, por meio do engajamento direto ou da junção de forças (autonomamente ou em conjunto com outros países), em face do poder superior de um oponente e da insatisfação causada por tal disparidade de forças.

mia globais".[2] Aqui a Rússia é a exceção: como MacFarlane argumenta em seu artigo neste livro, a realidade das últimas duas décadas tem sido de declínio e dissolução de poder. A política externa russa está voltada para as tentativas de conter a perda de espaço e reafirmar sua influência regional e global.

Uma segunda razão é o fato de todos esses países compartilharem uma crença em seu direito a um papel mais influente em assuntos mundiais. Claro está que a aspiração, por si só, não é suficiente. É fácil para o realista empedernido rir das pretensões vazias de países cujas ambições desmoronam diante de suas limitadas capacidades materiais. Contudo, o poder nas relações internacionais requer propósito e projeto. Às vezes, esse propósito não apenas estimula a coesão interna de um país e assegura apoio interno para a política externa, mas também serve como um recurso de poder em si mesmo. Basta pensar em Nehru, no caso indiano, ou De Gaulle, no caso francês. Além disso, o reconhecimento internacional que esses quatro países perseguem é parte fundamental da dinâmica política em um ambiente mundial hierárquico. Desafios à legitimidade da ordem internacional raramente têm resultado dos protestos de economias fracas; têm advindo com maior frequência dos Estados ou povos com capacidade e organização política suficientes para demandar a revisão da ordem estabelecida e de suas normas dominantes de maneira a refletir seus próprios interesses, preocupações e valores. Consequentemente, um tema central da história internacional do século XX foi a luta de Estados revisionistas por *Gleichberechtigung* – direitos iguais – envolvendo a redistribuição de território, reconhecimento de esferas de influência regionais e o ímpeto por igualdade de *status* dentro de instituições internacionais formais e informais. Não importa quanto tenham se transformado as formas e as regras políticas de poder, a busca por reconhecimento permanece como elemento importante das relações internacionais. Ainda que a probabilidade de confronto militar entre as grandes potências tenha diminuído, a questão do reconhecimento tem se enfraquecido pelo crescimento da ideia de que a sociedade internacional deve visar à promoção de valores e propósitos comuns, em lugar de simplesmente ajudar a evitar conflitos e assegurar uma coexistência mínima.

Uma terceira razão para estudar esses quatro países em conjunto deriva do desenvolvimento das relações entre eles. Os capítulos a seguir fazem referência a muitos desses desenvolvimentos: cooperação entre Rússia e China por meio da Organização da Cooperação de Xangai (Shanghai Cooperation Organization, ou SCO); exercícios militares combinados sino-russos; reaproximação entre China e Índia; emergência do Grupo dos 20 (G-20) na Organização Mundial do Comércio (OMC) como uma nova coalizão de países do Sul liderada por Brasil e Índia; fortalecimento de laços entre Índia e Brasil e África do Sul sob a forma do Fórum Ibas; expansão das relações econômicas chinesas com Índia e Brasil. Tais desenvolvimentos são identificados com alarde por aqueles que buscam sinais de uma disposição coordenada de desafiar Washington, ou evidências da emergência de um mundo multipolar com potencial renovado de revisionismo sistêmico.

A razão final é que esses quatro países podem ser distinguidos de outros países de segunda ordem e potências médias. John Ikenberry argumenta que uma das características mais importantes do sistema internacional na segunda metade do século XX foi o desenvolvimento de uma ordem liderada pelos Estados Unidos. A mesma teria sido construída em torno das instituições e estruturas multilaterais criadas no imediato pós-II Guerra: a ONU (Organização das Nações Unidas), inistituições financeiras internacionais como o FMI (Fundo Monetário Internacional) e o Banco Mundial, o Gatt (Acordo Geral de Tarifas e Comércio) e um denso sistema de alianças nos oceanos Atlântico e Pacífico.[3] Essa nova formação política pode ser vista como um tipo de "Grande Ocidente" liberal que continua sendo parte importante do sistema internacional, apesar do fim da Guerra Fria e de algumas da políticas recentes adotadas pelos próprios Estados Unidos. No entanto, o importante aqui é o quanto Brasil, Rússia, Índia e China se encontram fora ou às margens de tal formação. Diferentes de Japão, Coréia do Sul, Canadá, Austrália e os principais países europeus (em bloco ou individualmente), os Brics não estão intimamente integrados em um sistema de alianças com os Estados Unidos.[4] De modo geral, todos têm defendido concepções de ordem internacional que desafiam as do Ocidente liberal e desenvolvido – do revolucionismo (ainda que retórico) da União Soviética e da China ao revisionismo terceiro-mundista extremado da Índia pós-1948 e o revisionismo terceiro-mundista moderado do Brasil entre o início da década de 1970 e o final da década de 1980.

Desde a Guerra Fria, os quatro países têm sido confrontados não só pelo poder norte-americano, mas também pelas transformações dramáticas do caráter da sociedade internacional. Basta ver o aumento exponencial do número de instituições internacionais e do seu escopo, alcance e intromissão; ou o crescente pluralismo da governança global, com maior papel assumido por organizações não governamentais, redes de especialistas técnicos e formas públicas, privadas e híbridos público-privados de regulação e gerenciamento. Também nota-se a consolidação da ideia de que a sociedade internacional deve ir além da simples coexistência entre Estados nacionais, incorporando e refletindo uma gama de princípios acordados internacionalmente como os relativos aos direitos humanos e à democracia, à autodeterminação, aos limites do uso da força e da sustentabilidade ambiental. Por fim, há uma crescente demanda por maior efetividade das normas da sociedade internacional, envolvendo o *enforcement* coletivo pelas Nações Unidas e maior delegação a tribunais internacionais, bem como ampla e crescente gama de sanções e condicionalidades impostas a países por agências multilaterais.

Essa transição de uma visão pluralista tradicional da sociedade internacional em direção a uma visão caracterizada por maior solidarismo tem indubitavelmente representado um desafio substancial a países como Brasil, Rússia, Índia e China. Esse novo direcionamento desafia as fortes, ainda que variadas, preferências dos Brics, mas não apenas deles. De modo geral, essa reorientação põe em xeque as antigas normas pluralistas de soberania e não intervenção;[5] interage de maneira problemática com os complexos processos de liberalização política e econômica e – mais importante – contesta os limites e o caráter dessa liberalização. Além disso, desafia modos tradicionais de condução de política externa, privilegiando novas formas de poder brando (*soft power*) e recompensando novas formas de diplomacia. Esse é outro ponto de diferenciação dos Brics em relação a potências médias liberais, tais como Canadá e Austrália, cujas políticas externas têm sido construídas justamente no sentido da promoção e exploração dessas mudanças.

Por fim, as normas cambiantes da sociedade internacional vêm tendo impacto significativo sobre o caráter do clube das grandes potências. Ser uma grande potência nunca foi uma simples questão de possuir grandes montantes de poder material bruto. Esse *status* está intimamente relacionado a noções de legitimidade e autoridade. Um país pode reivindicar *status* de grande potência, mas a participação neste grupo depende do reconhecimento por parte de outros: não só das outras grandes potências, mas também dos países menores e mais fracos dispostos a aceitar a legitimidade e autoridade daqueles no topo da hierarquia internacional. Uma das dificuldades que confrontam potenciais aspirantes ao grupo das grandes potências é a de que os critérios de elegibilidade podem conspirar contra eles – como o Japão descobriu em 1918/1919 na questão da discriminação racial.[6] Ou os critérios podem se alterar de maneira a contrariar seus interesses particulares. Por exemplo, durante grande parte da Guerra Fria a posse de armas nucleares era amplamente vista como qualificação necessária para compor a mesa dos poderosos; mas, nos anos que se seguiram ao fim do socialismo, a aquisição de capacidade nuclear com fins bélicos se tornou um comportamento inaceitável, vulnerabilizando o detentor dessa capacidade com a pecha de Estado pária. Se, como Foot sugere em seu capítulo na presente edição, a China pretende ser vista como uma "grande potência responsável", mudanças na compreensão de "responsabilidade" são de fato relevantes.

Existem, claramente, diferenças substanciais entre esses países – em termos de poder e importância geopolítica; peso econômico e grau de integração à economia global; trajetórias culturais e históricas distintivas; e sistemas políticos domésticos. No entanto, considerá-los conjuntamente propicia uma forma útil de fazer perguntas sobre os caminhos que estiveram ou ainda podem estar disponíveis a eles, bem como sobre fatores explicativos que ajudem na compreensão desses variados caminhos.

Perspectivas teóricas

Existem duas narrativas teóricas recorrentes nas discussões sobre como o sistema internacional influencia as políticas externas de Brasil, Rússia, China e Índia.

A primeira enfatiza a distribuição de poder. Para neorrealistas, a característica fundamental de qualquer sistema é a distribuição de poder material, e, logo, a realidade política dominante da ordem pós-Guerra Fria é a preponderância dos Estados Unidos. Capacidades militar e bélica são centrais ao entendimento de como o poder é distribuído e quem conta como grande potência: "Grandes potências são determinadas com base em sua capacidade militar relativa. Para se qualificar como grande potência, um Estado deve dispor de capacidade militar suficiente para se sustentar consideravelmente em uma guerra convencional ilimitada contra o Estado mais forte do mundo".[7] Dessa perspectiva, o mistério do período pós-Guerra Fria, e sobremodo do período após o 11 de Setembro de 2001, tem sido a ausência de tentativa ostensiva de contrabalançar os Estados Unidos. Alguns explicam isso simplesmente como reflexo do poder esmagador dos norte-americanos.[8] Outros sugerem que a ocorrência ou ausência de balanceamento reflete não apenas o poder dos Estados Unidos mas, também, a forma como esse poder é utilizado. Sua predominância será estável à medida que Washington se fizer valer de suas vantagens de poder brando e sua reputação de país não expansionista.[9] Os Estados Unidos, portanto, conseguirão mais daquilo que desejam se reconhecerem a amplitude e o potencial de seu poder brando e agirem judiciosamente sobre tal reconhecimento. Outros ainda argumentam que a estabilidade depende da ideia de autorrestrição e da disposição dos Estados Unidos de participar de instituições internacionais como meio de sinalizar tal autolimitação estratégica. Uma hegemonia racional imporá a si mesmo certo grau de contenção e comprometimento institucional visando amenizar o medo de terceiros.[10]

As mais importantes implicações desse modo de análise são, primeiramente, o fato de enxergar a concentração de poder em si como importante determinante de política externa e, em segundo lugar, a ordenação das opções de política externa disponíveis a países de segunda ordem em termos binários: contrabalançar o país dominante, por um lado, ou praticar *bandwagoning*,* por outro. Ainda que haja diferenças significativas entre as versões ofensiva e defensiva do neorrealismo, ambas consideram que a emergência de novas potências tenderá naturalmente a criar tensões políticas.

A teoria neorrealista tem gerado uma literatura vasta e sofisticada com muitas subteorias e diagnósticos rivais. Ela é, no entanto, limitada em vários sentidos importantes. Em primeiro lugar, a maior parte dessa literatura é escrita a partir da perspectiva dos Estados Unidos e está implícita ou explicitamente preocupada com as estratégias que aquele país tem adotado, ou deve adotar, para sustentar sua posição privilegiada no sistema. Em segundo lugar, as opções de política externa dos países de segunda ordem são inferidas dedutivamente, desconsiderando a existência ou não de correspondência quer com as políticas adotadas de fato quer com o entendimento das mesmas por parte dos próprios países. Em terceiro lugar, as opções são subespecificadas: em que consis-

---

* Nota do Tradutor: *Bandwagoning* é um termo utilizado para indicar o ato de se aliar ao país ou coalizão mais forte, comportamento oposto ao balanceamento; isto é, ao ato de unir forças contra os mais poderosos. O termo, atribuído ao cientista político Stephen Van Evera, tem origem na expressão tradicional *jump on the bandwagon*, que faz referência à prática comum em campanhas eleitorais norte-americanas, nas quais as pessoas pulavam entusiasticamente nos carros de som de candidatos.

te, precisamente, o *bandwagoning* e o que determina a escolha entre as várias formas que tal "alinhamento" pode tomar? O *bandwagoning* descreve um padrão de comportamento ou uma opção consciente de política externa? É útil distinguir entre formas rígidas e brandas de balanceamento? E outras opções como "se esconder" e "*hedging*"?* Por fim, o neorrealismo enxerga o sistema apenas em termos da distribuição de poder. Forças sistêmicas são realmente cruciais; porém, como a análise de política externa dos países sob exame aqui claramente demonstra, há muito mais no sistema do que a teoria neorrealista prevê, e isso é relevante não apenas para uma análise empírica precisa como também para o desenvolvimento de uma teoria bem-sucedida.

Um segundo grupo de abordagens teóricas enfatiza não a continuidade do conflito e de competição política, mas, ao contrário, mudanças profundas em curso nas sociedades internacional e global, especialmente aquelas mudanças associadas à globalização. A proposição central é a de que novos tipos de lógica sistêmica têm ganhado força a ponto de enredar e aprisionar até mesmo os mais poderosos. Uma nova *raison de système* que estaria se desenvolvendo alteraria e finalmente substituiria antiquadas noções de *raison d'État*. Desde o fim da Guerra Fria versões liberais desses argumentos bem estabelecidos dominaram o campo de estudo das relações internacionais.

Para liberais institucionalistas, a globalização e redes cada vez mais densas de trocas e comunicação transnacional geram crescente demanda por instituições internacionais e novas

* Nota do Tradutor: Termo emprestado do mercado financeiro, *hedging* consiste na redução ou neutralização do risco de determinadas aplicações por meio de aquisição de posições que possam compensar potenciais perdas das primeiras.

formas de governança. As instituições internacionais, nessa visão, são necessárias para lidar com dilemas cada vez mais complexos de ação coletiva que surgem no mundo globalizado. À medida que grandes países expandem o alcance de seus interesses e se integram mais intensamente à economia global e à sociedade mundial, serão naturalmente atraídos pelos benefícios funcionais oferecidos por instituições e pressionados em direção a padrões de comportamento mais cooperativo. Instituições também são importantes para ajudar a explicar como novas normas surgem e são difundidas pelo sistema internacional, como interesses estatais mudam e evoluem. Instituições podem desempenhar papel importante na difusão de normas e nos padrões de socialização e internalização, por meio dos quais atores mais fracos absorvem tais normas. Elas podem ser os locais onde representantes estatais são expostos a novas normas (como aquelas referentes ao meio ambiente); podem agir como canais ou condutores através dos quais normas internacionais são transmitidas (como ideias neoliberais têm sido através de instituições financeiras internacionais); ou podem reforçar transformações domésticas que já estão em curso (via a estratégia de alguns países de adesão a normas e instituições internacionais como forma de inviabilizar a resistência a mudanças por parte de grupos rivais internos, ou via pressões exercidas pela sociedade civil transnacional).

Liberais sistêmicos têm como base muitas dessas ideias. Desenvolvem, porém, uma imagem kantiana mais ampla da difusão gradual e progressiva de valores liberais. Ela resulta, em parte, de políticas econômicas liberais e crescente interdependência econômica, de uma ordem jurídica liberal que vem a sustentar a autonomia da sociedade civil global, e do exemplo de sucesso dado pelo sistema internacional liberal e capitalista. Alguns dão ênfase à intrínseca racionalidade da liberalização econômica: com o fracasso de modelos econômicos estatistas, o comportamento racional por parte de Brasil, Rússia, Índia e China seria a gradual convergência de suas políticas externas no sentido de maximizar as oportunidades apresentadas pela globalização econômica. Outros sugerem que não haveria alternativa à aceitação da superioridade intrínseca das ideias liberais que conquistaram o mundo. Outros ainda enfatizam o papel da onda de democratização no Terceiro Mundo, arrebatando governos nacionalistas autoritários e as coalizões nacionalistas-estatistas que frequentemente os apoiavam. Ainda outros privilegiam o papel desempenhado por movimentos transnacionais, redes de promoção de temas ou valores específicos e comunidades científicas ou de especialistas na redefinição de interesses estatais.

Para os proponentes dessa leitura, tais desenvolvimentos servem para mudar a moeda do poder, desvalorizando particularmente o poder bruto, militar. Alteram também as dinâmicas e efeitos de acumulação do poder. Em vez de serem encaradas como ameaças e convidarem ao balanceamento como resposta, concentrações de poder liberal criarão uma versão liberal do *bandwagoning*. Assim como o exemplo de uma bem-sucedida e liberal União Europeia criou incentivos poderosos para a competição e vontade de participação de terceiros países, também, em maior escala e por um maior período, um padrão similar será observado em relação ao mundo liberal e desenvolvido como um todo. De qualquer forma, resistir à ordem liberal é arriscar ser categorizado junto a regimes párias e inimigos da liberdade política e econômica. Por fim, o papel do poder dependerá de qual versão do liberalismo prevalecerá nos países centrais, especialmente nos Estados Unidos: liberais defensivos, que acreditam que a história está do seu lado e que, como argumentava Kant, a força do exemplo é a mais crítica e fatalmente decisiva; ou liberais ofensivos, que acreditam que a história precisa de ajuda e que processos de liberalização econômica e política devem ser promovidos ativamente por meio do exercício do poder estatal, incluindo o uso da força militar.[11]

Tais argumentos sistêmicos têm implicações para a análise do Brasil, Rússia, Índia e China. Primeiramente, insinuam que esses países sofrerão crescente pressão para se adaptar e que a lógica teórica dessa adaptação pode ser mais bem-captada por noções de adaptação racional, aprendizado e conhecimento técnico ou por noções de competição, persuasão normativa, socialização e internalização. Em segundo lugar, sugerem que as fontes de resistência a mudanças nessas sociedades certamente estão localizadas em coalizões de grupos de interesse que ascenderam ao poder sob modelos econômicos e políticos anteriores e têm capacidade de vetar mudanças, ou na influência de antigas ideias e ideologias, frequentemente enraizadas em instituições estatais.

Estratégias e opções

Preponderância regional e poder global

Há algo intuitivamente lógico na ideia de que a preponderância regional deveria representar parte importante de qualquer reivindicação do *status* de grande potência. Um país pode se autopromover (ou pode ser visto por outros) como representante de uma região em particular, que, por sua vez, pode ser definida geográfica, lingüística ou culturalmente. Esta (contestada) noção de representatividade tem sido elemento importante dos debates sobre a participação de Índia e Brasil no Conselho de Segurança das Nações Unidas (CSNU).

Um país pode enxergar a região como meio de agregar poder e fomentar uma coalizão regional para facilitar suas negociações internacionais (como o Brasil faz com o Mercosul diante da Área de Livre-Comércio das Américas – Alca). Ele pode visar desempenhar papel ativo e afirmativo no gerenciamento de crises regionais tanto para sustentar suas pretensões como potência regional quanto para garantir que não será excluído do gerenciamento dessas crises por atores extrarregionais (como a China em relação à Coréia do Norte). Por fim, um país pode ser visto como grande potência à medida que cumpra o papel de administrador ou produtor de ordem em sua região. Isto, por sua vez, pode se tornar elemento importante em sua relação com instituições internacionais ou com os Estados Unidos.

Contudo, os casos do Brasil, Rússia, Índia e China destacam a complexidade do nexo regional-global. Em todos os casos, a política externa é fortemente condicionada pelo contexto regional – por balanças de poder regionais (especialmente no Sul da Ásia e no Leste asiático); por padrões cambiantes de insegurança regional (especialmente na forma de novas categorias de ameaça); e por padrões de regionalização social e econômica cada vez mais densos. As regiões também são essenciais para o autoentendimento histórico. Rússia e Índia se veem como líderes naturais em regiões fechadas e se ressentem profundamente de qualquer interferência externa nas mesmas. E, no entanto, de modo geral, é a imagem da região como limite – para o campo de atuação de tais países – e não como oportunidade que aparece de forma mais pronunciada nos capítulos que se seguem.

Em primeiro lugar, a região pode ser fonte de fraqueza por causa de conflitos regionais malresolvidos (Taiwan ou Caxemira, por exemplo) ou por instabilidade regional e dificuldade de manutenção da influência – como é obviamente o caso da Rússia. A necessidade de manter o poder sobre a região e prevenir seu declínio tem sido característica central da política externa russa. No entanto, as dificuldades e os custos de fazê-lo têm sido, e continuam a ser, extremamente altos. Sua derrota na Chechênia em 1994/1995 e o subsequente fracasso em assegurar controle estável naquela região oferecem a ilustração mais clara do que MacFarlane vê como "a crescente incapacidade das forças armadas russas para manterem a soberania interna". Além disso, os métodos empregados por Moscou para manter ou recuperar sua influência têm levado a tensões em outros importantes eixos, notavelmente no caso da Europa. Lima e Hirst notam como o Brasil sob o governo Lula tem expandido o alcance de seus interesses na América do Sul e se preparado para assumir papel político mais afirmativo; porém, em relação à região andina, tem se enredado em uma área propensa a crises sem dispor dos recursos econômicos e militares necessários para tal. No caso da Índia, balanças de poder regionais/globais e fontes de insegurança têm interagido de maneiras particularmente problemáticas.

O contraste com os Estados Unidos é instrutivo. Muito é dito da ímpar posição norte-americana, sobretudo o fato de, diferentemente de qualquer outra grande potência moderna, o país não enfrentar qualquer desafio geopolítico em sua própria região e ter sido capaz de prevenir, ou mais precisamente conter, a influência de potências extrarregionais. Isto é certamente verdade (ainda que tal ascendência norte-americana à hegemonia regional seja frequentemente datada de muito cedo e sua real extensão seja exagerada). O outro aspecto importante do poder norte-americano, porém, é sua habilidade de se esquivar de compromisso ou envolvimento excessivo e, em larga medida, escapar de armadilhas e desfazer conflitos menores em seu próprio "quintal". Assim, o país pôde desconsiderar a região e, por longos períodos, sequer possuir uma política para a região (como supostamente seria o caso desde 2001). É este fato que, talvez contraintuitivamente, proporciona ao Brasil alguma capacidade de desenvolver papel regional relativamente autônomo.

Em segundo lugar, tentativas de conquistar um papel global podem facilmente estimular animosidade ou ao menos suscitar a preocupação de vizinhos regionais. Isto tem sido particularmente evidente nas reações de países das respectivas regiões às tentativas da Índia e do Brasil de obter assentos permanentes no CSNU e ao papel regional mais firme do Brasil na América do Sul de maneira geral.

Em terceiro lugar, a potência dominante do sistema pode se aproveitar da oportunidade e explorar conflitos regionais, atuando como fiel da balança, como prevê a teoria neorrealista. Uma lógica similar, mas notada com menor frequência, se aplica a arranjos regionais: os Estados Unidos maximizam seu poder promovendo formas de regionalismo tão pouco institucionalizadas que não são capazes de cercear ou constranger sua política externa; porém, ao mesmo tempo, essas formas de regionalismo ajudam a suprimir ou adiar a emergência de outros agrupamentos regionais menores que poderiam lhe apresentar desafio efetivo. Este padrão é visível tanto no caso da região Ásia-Pacífico quanto nas Américas.

Instituições internacionais e enredamento institucional

Apesar de sua inquestionável função de facilitadoras do interesse comum e promotoras de valores compartilhados, instituições internacionais são espaços de poder. Assimetrias de poder têm desempenhado papel importante em sua construção e operação. Logo, por exemplo, a "ordem" da Guerra Fria e a longa paz de 1945-1989 foram construídas de maneira bem tradicional através de tentativas de regular o equilíbrio de poder entre as superpotências (por meio de acordos de controle de armas, cúpulas e mecanismos de gerenciamento de crises) e pela manipulação da hierarquia entre as nações (por meio do reconhecimento mútuo, ainda que tácito, de esferas de influência e pela criação de um sistema oligárquico de não proliferação de armas arquitetado para limitar o acesso de potências emergentes à tecnologia nuclear). Além disso, mesmo enquanto a ideia de igualdade soberana ganhava espaço e instituições internacionais se expandiram em número e objetivo, temas como hierarquia e desigualdade permaneceram centrais à sua concepção e funcionamento.

Em algumas ocasiões, o papel "ordenador" da hierarquia foi formalizado, como nos deveres e direitos especiais dos membros permanentes do CSNU ou nas estruturas de votação do Fundo Monetário Internacional (FMI) e do Banco Mundial. Com mais frequência, a hierarquia pode ser vista em poderosas normas políticas, como nos agrupamentos *ad hoc* e grupos de contato estabelecidos para lidar com crises de segurança específicas, ou no papel do G-8 em tentativas de administrar não apenas assuntos econômicos globais, mas muitos outros; ou ainda no modo como o gerenciamento da ordem financeira internacional é dominado por grupos fechados de atores poderosos (como o Banco de Pagamentos Internacionais ou o Fórum de Estabilidade Financeira).

Sobre tal pano de fundo não é surpresa que potências emergentes devotem tanta atenção a jogar o jogo da hierarquia institucionalizada. Daí as preocupações da Rússia com o Conselho de Segurança e sua vontade de participar das reuniões do G-8. Por isso temos o que Foot chama de "fixação" chinesa com a ONU e sua resistência a qualquer reforma do Conselho de Segurança que permita a adesão de novos membros permanentes. Como Lima e Hirst indicam, a campanha brasileira por um assento permanente no Conselho de Segurança tem desempenhado papel central na determinação do país de expandir relações com o Sul de modo geral, bem como em ações individuais (como sua liderança da missão da ONU no Haiti ou seu padrão de votação em questões de direitos humanos).

Tampouco é surpreendente que, para Brasil e Índia, a não proliferação nuclear seja um assunto tão importante. Para o Brasil, desde o final dos anos 1960 até o final da década de 1980, o Tratado de Não Proliferação Nuclear (TNP) foi um dos mais óbvios exemplos do que denominava o "congelamento do poder mundial". Somente em período subsequente iniciou a reaproximação com a Argentina e a adesão aos principais regimes de controle de armas, incluindo, em 1998, o TNP.[12]

No caso da Índia, o regime de não proliferação representava um impedimento imposto à sua política externa por um regime internacional hierarquizado. Segundo a visão hindu, o regime exemplifica a discriminação entre privilegiados e desprivilegiados e representa um impedimento à mobilidade social e ao progresso tecnológico. Por outro lado, o caso nuclear ilustra também como o tamanho do país e sua importância geopolítica tornam possível desafiar o regime de não proliferação com sucesso. Apesar dos altos custos (regionalmente e em termos de sua relação com Washington), a Índia foi capaz de conquistar a aceitação implícita de seu *status* de potência nuclear. Tendo alcançado tal objetivo, o país está, é claro, ansioso por ser visto como "potência nuclear responsável" e possui interesse compartilhado em limitar a proliferação.

O fato de esses quatro países serem países de segunda ordem também significa que suas políticas referentes a instituições internacionais inevitavelmente têm uma qualidade dual. Por um lado, podem ser incentivados a usar instituições internacionais para realizar funções clássicas de poder, acima de tudo ressegurar países mais fracos, especialmente seus vizinhos regionais. O exemplo mais claro disto é a mudança na política chinesa em relação a instituições de segurança regional e seu desejo de usá-las para oferecer resseguro a países mais fracos, especialmente no que diz respeito a suas relações com a Associação das Nações do Sudeste Asiático (Asean, na sigla em inglês). Por outro lado, o *status* prolongado na condição de países de segunda ordem significa que compartilham um interesse em instituições internacionais como meio de amansar a potência norte-americana.

Em primeiro lugar, instituições podem constranger os mais poderosos por meio de regras e procedimentos estabelecidos. O objetivo fundamental é acorrentar Gúliver de todas as formas possíveis, independentemente de quão finas as amarras individuais possam ser. Não é surpreendente, portanto, que o Brasil e a Índia sejam o quarto e quinto países que mais ativamente reclamem no mecanismo de solução de controvérsias da Organização Mundial do Comércio (OMC). Tampouco é especialmente curioso que Brasil, China e Índia desejem usar instituições internacionais para resistir a tentativas norte-americanas de promover novas normas sobre o uso da força, questionar o princípio da soberania, usar a força para promover mudanças de regime em outros países.

Em segundo lugar, instituições internacionais proporcionam um espaço político onde países mais fracos podem construir novas coalizões para tentar moldar normas que atendam seus interesses e, assim, contrabalançar ou ao menos defletir as preferências e políticas dos mais poderosos. Um ótimo exemplo, notado por Narlikar, é o ativismo de Brasil e Índia na OMC, mais notavelmente no caso da coalizão do G-20 criada em Cancún em 2003.

Em terceiro lugar, essas instituições oferecem uma visibilidade ou "oportunidade de voz" que permite a países relativamente fracos tornar públicos seus interesses e angariar apoios. Durante boa parte dos anos 1990, os Brics adotaram posições geralmente defensivas em relação às normas liberais impostas pelo Ocidente industrializado: os quatro em relação à intervenção humanitária; Brasil e Índia em termos de normas cada vez mais profundas de liberalização econômica, especialmente no contexto da OMC. Narlikar dá grande ênfase à reputação defensiva da Índia e à sua tradição como negociadora resoluta, inflexível e, na visão de alguns, ideológica. O equilíbrio entre internalização genuína de novas normas internacionais, acomodação pragmática a elas e resistência aberta varia de acordo com assunto, país e época. O que é notável é a forma como esses países se tornaram mais proativos – por exemplo, usando a linguagem da democracia e da representatividade para pressionar por reformas nas instituições internacionais; ou a linguagem do liberalismo econômico como arma contra o protecionismo dos Estados Unidos e da Europa. Brasil e Índia mobilizaram pleitos por maior igualdade representativa (na composição do Conselho de Segurança ou no processo de tomada de decisão na OMC) e justiça distributiva (como na promoção brasileira de um fundo global contra a fome). Contudo, é muito menos claro o quanto qualquer um desses países avançou como produtor das ideias que moldarão as concepções de ordem global no futuro. Isso é relevante por muitos motivos, inclusive porque, embora o poder estatal esteja indubitavelmente estruturado hegemonicamente ao redor dos Estados Unidos, o poder das ideias, valores e cultura é potencialmente mais aberto e contestado.

Relações com os Estados Unidos: *bandwagoning* ou acomodação pragmática?

Como vimos, alguns analistas acreditam que o poder dos Estados Unidos por si só não apenas exclui a possibilidade de oposição efetiva, como aumenta os incentivos ao *bandwagoning* com Washington. Como Wohlforth coloca: "As únicas opções disponíveis a Estados de segundo escalão são a de praticar *bandwagoning* com a potência polar (explícita ou implicitamente) ou, ao menos, não tomar qualquer ação que possa implicar a concentração de sua inimizade."[13] Há três motivos por trás do *bandwagoning*:[14] primeiro, alinhando-se com o país dominante, um país mais fraco espera evitar (ou desviar) desafios desse país mais forte ou de terceiros; segundo, um país alinha-se com o país dominante visando parte dos espólios da guerra ou de outras formas de conflito (por exemplo, assegurando acesso ao petróleo do Oriente Médio por meio de apoio à política norte-americana); e, terceiro, um país alinha-se com o país dominante para assegurar outras vantagens políticas ou econômicas (por exemplo, a Rússia apóia os Estados Unidos em questões relativas ao terrorismo em troca do silêncio norte-americano às políticas interna e regional russas).[15]

A lógica do *bandwagoning* tem desempenhado papel central no pensamento estratégico e na prática da política externa dos Estados Unidos. O unilateralismo radical e a ameaça do uso do poder militar (mediante a tática de "choque e medo") apenas fazem sentido se a resposta de países mais fracos e outros atores for a submissão direta ou o desejo de negociar. Contudo, o cultivo do *bandwagoning*, especialmente para com países importantes de segundo escalão, permanece fundamental, já que os fracassos de uma política radical unilateralista, do tipo "nós podemos sozinhos", ficam cada vez mais evidentes. Ao entrar em um período de descompressão hegemônica, quais são as opções disponíveis para Washington? Uma opção muito improvável é a aceitação incondicional do multilateralismo liberal. Outra é retornar a instituições internacionais e tentar remodelá-las para melhor refletirem seus interesses. Outra ainda é reconcentrar atenção em um elemento tradicional da política externa norte-americana, qual seja a construção de redes de relações com potências emergentes e regionais.

Certamente, para Brasil, Rússia, Índia e China, a concentração de poder nos Estados Unidos tem sido central para moldar suas visões acerca do sistema internacional e de suas opções disponíveis. Também é verdade que tal concentração criou fortes incentivos para evitar a inimizade dos Estados Unidos e buscar coincidência de interesses, quando possível. No entanto, não está claro que o comportamento dos Brics, em geral, possa ser categorizado precisamente em termos de *bandwagoning*. Por um lado, a categoria incorpora um espectro de políticas que vão do alinhamento mais estreito à acomodação pragmática. Por outro, a relevância do *bandwagoning* como motivação política é fluida e varia de acordo com a época e a área temática.

Dos quatro países em consideração, o Brasil é o que se encontra mais distante de tais políticas. É verdade que o comportamento de *bandwagoning* tem sido característico das relações entre Estados Unidos e Brasil em períodos particulares (notadamente entre 1942 e 1945 e entre 1964 e 1967).

Mas, durante a maior parte do período pós-1945, a relação não tem sido particularmente estreita e foi caracterizada tanto por conflitos reais de interesse (especialmente em questões econômicas e comerciais) quanto por divergências profundas e persistentes sobre a forma como os dois países veem o sistema internacional. Também houve um recorrente sentimento de frustração mútua.[16] Como Lima e Hirst argumentam, as relações têm visado coexistência prudente, possível colaboração e colisão mínima; mas têm evitado qualquer tipo de relacionamento especial.

Existe um paralelo notável entre o caráter geral das relações entre Estados Unidos e Índia e entre Estados Unidos e Brasil ao longo da Guerra Fria, especialmente no que diz respeito ao papel da incompreensão mútua. A caracterização das relações entre Índia e Estados Unidos feita por Cohen certamente pode ser aplicada ao Brasil:

> Os Estados Unidos e a Índia claramente se distanciaram ao longo dos anos, não somente por causa das abundantes falhas de percepção nos dois lados, mas também por causa de diferenças fundamentais sobre a melhor maneira de organizar pacificamente o sistema internacional, a natureza da União Soviética, a virtude (ou vício) das alianças e, acima de tudo, a crença indiana de que os Estados Unidos resistiam à emergência da Índia como grande potência.[17]

Diferenças entre Washington e Nova Delhi persistiram pela década de 1990 e movimentos em direção à reaproximação mútua foram impedidos pelo teste nuclear indiano de 1998 e pela proximidade entre Estados Unidos e Paquistão, intensificada obviamente pelas demandas da chamada "guerra contra o terror". Contra isso, observamos o recente aparecimento de uma linguagem de "aliados naturais" e "parceria estratégica", bem como uma variedade de acordos concretos, notavelmente o acordo nuclear de julho de 2005 e o voto indiano a favor da denúncia do Irã no Conselho de Segurança das Nações Unidas. No entanto, ainda é muito cedo para falar de um realinhamento fundamental; há vantagens óbvias para a Índia em desenvolver e explorar um conjunto mais amplo de relações exteriores e, como Narlikar nota, há também continuidades importantes no padrão de planejamento e condução da política externa indiana. A Índia certamente não desistiu de seu relacionamento com países em desenvolvimento, bilateral ou coletivamente.

No caso da China, Foot ressalta a diversidade de posições dentro do país e argumenta que a política chinesa para os Estados Unidos é mais bem-caracterizada como uma acomodação pragmática. Por um lado, a China busca se acomodar ao poder norte-americano e procura coincidências de interesse. Critica (mas aceita) as políticas americanas com as quais discorda fundamentalmente – em relação ao Iraque, principalmente – e é menos estridente do que Brasil e Índia na oposição às preferências dos Estados Unidos dentro da OMC. Mas isto vem sendo contrabalançado por um conjunto crescente de posicionamentos que têm por intenção manter certa flexibilidade, caso as relações com Washington se deteriorem, estabelecendo os fundamentos de uma política externa mais ativa no futuro. MacFarlane, em seu artigo nesta coleção, nota a mudança – desde 2001 – de ênfase da Rússia da multipolaridade para a crescente aceitação da inviolabilidade da primazia norte-americana. Isto levou ao sóbrio reconhecimento da necessidade de evitar confronto com os Estados Unidos em questões de interesse vital (como o Iraque), combinado à disposição de engajá-los em barganha acirrada e *issue linkage** em outros temas, cultivar relacionamentos quando possível e defender interesses imediatos, quando factível, especialmente em relação à vizinhança imediata. Avaliações do limite da tolerância norte-americana se tornaram um dos mais cruciais elementos de política externa desses países (bem-ilustrado pelo caso da política russa para o Irã).

Dois argumentos finais devem ser notados. *Bandwagoning* às vezes é vista como uma "opção" não problemática. E, no entanto, é notável que tão poucos países possuam os recursos ou mesmo a capacidade potencial para fazer tal relacionamento especial funcionar em seu favor – por exemplo, laços densos entre governos (inclusive nos setores militar e de inteligência), um hábito enraizado de consultas bilaterais e ampla estrutura de conexões sociais com os Estados Unidos. No presente contexto, um dos mais interessantes sinais de mudança potencial é o crescimento de laços transnacionais na comunidade indo-americana e a tentativa do governo indiano de explorar estes como partes integrais do relacionamento mútuo (inclusive, por exemplo, na sequência de seu teste nuclear).

Em segundo lugar, quaisquer que sejam os incentivos a buscar barganhas positivas com Washington, todos esses países tiveram dificuldades em se acomodar a esse ator hegemônico em particular. Os Estados Unidos nunca foram um país fácil de seguir, e isso é especialmente válido para o período após 2001. Esse tem sido um período no qual Washington enfatiza seu direito inalienável à segurança (mesmo à custa da

---

* Nota do Tradutor: *Issue linkage* se refere à prática do estabelecimento de conexões entre diferentes assuntos e temas, de forma a aproveitar vantagens e extrair benefícios em negociações.

insegurança de outros), sustenta uma concepção tradicional e rígida de sua soberania (enquanto argumenta que a soberania de outros deve ser condicional), e proclama um moralismo estridente e uma atitude profundamente revisionista em relação à estrutura da sociedade internacional.

Em direção a um balanceamento brando?

Não é difícil deparar com declarações recorrentes, ainda que de intensidade variável, expressando insatisfação com a estrutura unipolar e o desejo de um sistema mais equilibrado – "contribuir, mesmo que seja um pouquinho, para a multipolaridade", como afirmou recentemente o ministro das Relações Exteriores brasileiro.[18] Teóricos das Relações Internacionais estão certos em enfatizar a atual ausência de uma atuação balanceada no sentido tradicional, e diplomatas indubitavelmente acrescentariam que qualquer tipo de comportamento dessa natureza iria contra seus interesses. Mas que dizer de formas mais sutis como o balanceamento brando ou limitado? Tal comportamento não envolve tentativas diretas de confrontar ou constranger o país dominante por meio de alianças militares (balanceamento externo) ou mobilização militar (balanceamento interno). Ao contrário, como Paul nota, envolve outras formas de cooperação: *ententes*, entendimentos informais, exercícios cooperativos *ad hoc* ou colaboração em instituições regionais ou internacionais.[19] O propósito dessas formas cooperativas é complicar e aumentar os custos das políticas norte-americanas em instituições internacionais (especialmente negando legitimidade a elas), desafiar preferências norte-americanas dominantes e negar cooperação efetiva (em contraste com cooperação formal ou retórica) da qual depende o cumprimento dos objetivos de política externa dos Estados Unidos. Para Pape, o propósito é utilizar mecanismos não-militares "para atrasar, frustrar e mitigar políticas agressivas e unilaterais dos Estados Unidos".[20] Este não é um fenômeno novo; de fato, é familiar para qualquer um que tenha estudado as opções de política externa de países situados dentro da esfera de influência de uma grande potência.[21]

Até que ponto é correto ou útil analisar as políticas recentes do Brasil, Índia, China e Rússia, e especialmente o desenvolvimento de diferentes formas de relacionamento entre eles, em termos de balanceamento brando ou limitado?

Os críticos do balanceamento brando estão certos em argumentar que nem todo comportamento que aparenta ser balanceamento é de fato motivado por questões de equilíbrio de poder. Pode haver muitas boas razões econômicas para que países secundários procurem colaborar uns com os outros. A menos que suas ações sejam de alguma forma reações ao poder norte-americano, certamente não faz sentido invocar a teoria de equilíbrio de poder. Também é importante ressaltar o grau de acomodação aos Estados Unidos (como notado na seção anterior), os limites à cooperação entre países secundários (como a resistência chinesa em reformar o Conselho de Segurança ou a relativa inconsistência dos supostos laços "estratégicos" entre Índia e Brasil) e a persistente desconfiança entre tais países (como no caso de Rússia e China).

No entanto, aqueles que adotam uma visão cética do balanceamento brando arriscam-se a estabelecer padrões muito exigentes e a subestimar o papel do poder e das políticas norte-americanas em moldar os termos do debate em áreas temáticas aparentemente diversas. A relevância e utilidade da teoria de balança de poder não são limitadas aos casos nos quais o poder não balanceado apresenta "desafio de segurança direto a outros Estados".[22] O problema do poder não balanceado não é que este leve inexoravelmente a ameaças militares; é que o poder radicalmente não balanceado permite aos poderosos "impor a lei" aos menos poderosos, distorcer os termos da cooperação em seu próprio favor, impor seus próprios valores e modos de atuar e minar as regras das quais a cooperação estável e legítima inevitavelmente dependem. É por esta razão que a percebida necessidade de "conter" o poder dos Estados Unidos compõe um elemento muito importante das políticas de Brasil, Rússia, Índia e China em muitas áreas e muitos assuntos aos quais céticos gostariam de consignar à área da "barganha diplomática normal". A política do Brasil e da Índia na OMC, por exemplo, é diretamente relacionada à concentração sistêmica de poder e não simplesmente produto de interesses especificamente comerciais.

Por fim, grande parte do argumento depende do significado que se confere às questões de legitimidade e ação simbólica. Para os céticos, "balanceamento brando não é um argumento sobre ação simbólica. É aplicável apenas às políticas que prometem contribuir para aumentar os constrangimentos sobre (ou arregimentar poder contra) os Estados Unidos".[23] Contudo, uma visão do poder dos Estados Unidos que ignore facilmente o grau em que esse poder depende do cultivo de legitimidade é restrita e inadequada. Como notou Aron: "Ou uma grande potência não tolerará iguais e, portanto, deverá proceder ao último grau de império, ou consentirá em ser a primeira entre outras entidades soberanas e deverá conseguir a aceitação de tal preeminência."[24] Legitimidade e ação simbólica são centrais à conquista de tal aceitação.

Desenvolvimento econômico e opções de política externa

Nos quatro casos, os imperativos do desenvolvimento econômico são evidentes, tanto em sua relativa saliência na política governamental em geral quanto na importância de objetivos específicos: a importância de matérias-primas e energia na política externa chinesa; o desejo brasileiro de diversificar mercados para exportação; a importância do crescente investimento norte-americano e ocidental na Índia; ou o papel da exportação de energia como um dos mais cruciais instrumentos de barganha na política externa russa. No caso da China, o sucesso econômico tem sido construído com base em sua integração na economia global, e esse sucesso ofereceu muitas oportunidades para barganha e tem funcionado como limite ao poder norte-americano. Além disso, no decorrer do tempo, o "modelo" chinês poderá ser visto crescentemente como recurso de poder brando.[25] Em outros casos, os limites econômicos são os mais cruciais – como a grande ênfase dada à consolidação do poder interno na Rússia de Putin e o imperativo supremo de regeneração da economia e restauração do papel efetivo do Estado; ou o contínuo alto nível de vulnerabilidade econômica externa enfrentado pelo governo brasileiro.

É, contudo, difícil estabelecer quaisquer conexões claras e consistentes entre modelos específicos de desenvolvimento – ou até mesmo graus de liberalização econômica – e a escolha de uma opção específica de política externa.

Primeiro, considerando toda a discussão sobre os imperativos da globalização e a pressão por adaptação a esses imperativos, o que impressiona é a permanente variação de trajetórias nacionais de desenvolvimento. Em todos esses casos, as poderosas pressões externas por mudanças foram confrontadas com enraizadas estruturas sociais, políticas e econômicas e tradições nacionais muito peculiares, levando a trajetórias desenvolvimentistas que seguem variando muito significativamente. Nos anos 1990 muitas discussões sobre globalização concentravam-se na dicotomia, rígida e pouco útil, entre fusão e fragmentação ou entre convergência e revolta. Ainda que as pressões sistêmicas associadas à globalização sejam muito poderosas, é crucial dissociar e desconstruir os processos complexos de desintegração e adaptação em curso no interior de determinadas sociedades, especialmente em sociedades grandes e complexas. Quando isso é feito, a poderosa percepção de homogeneização se desfaz, à medida que se torna claro que os resultados não se conformam ao simples "modelo" liberal ou à simples rejeição desse modelo. Novamente, a categoria do "país grande e complexo" é relevante: enquanto normas externas estão sendo internalizadas, esse processo resulta não na conformidade com um modelo geral; mas, ao contrário, em novas configurações de crenças nacionais e novos padrões de autocompreensão nacional. Em termos de política externa, isso reforça o argumento de que a escolha de políticas não pode ser interpretada como simples função de pressões sistêmicas.

Segundo, nos quatro casos, devemos notar o continuado grau de controle estatal sobre a política externa. Uma clara implicação da teoria liberal é que a liberalização econômica e política deveria levar a maior pluralismo. Deveríamos esperar observar um movimento significativo além do forte estatismo que caracterizava todos esses países. Estratégias de política externa deveriam ser influenciadas, se não moldadas, pelo crescente pluralismo social que tem acompanhado a liberalização econômica e política (gerando grupos industriais, partidos políticos, movimentos sociais e ONGs, comunidades científicas e acadêmicas). Narlikar examina essa proposição explicitamente no caso da Índia, mas conclui que a influência concreta de grupos de interesse, mesmo na política comercial, é limitada. Lima e Hirst ressaltam a crescente politização da política externa brasileira. Porém, por enquanto, são os limites a um maior pluralismo que se fazem mais evidentes.

Terceiro, ainda que modelos de desenvolvimento orientados para o mercado interno tenham sido fortemente associados a políticas externas nacionalistas nos anos seguintes a 1945, o movimento em direção à liberalização econômica e maior integração à economia global não parece possuir claro correlato de política externa. No Brasil, a política externa afirmativa e proativa de Lula tem andado *pari passu* com uma política macroeconômica extremamente ortodoxa. Salvas as devidas diferenças, Índia e China indicam como nacionalismo e liberalização econômica podem coexistir – quer espontaneamente, quer como resultado de promoção ativa por parte do governo. Uma política externa fortemente nacionalista pode ser utilizada de modo consciente para fortalecer a legitimidade interna (como na China), ou compensar a ausência de radicalismo no plano doméstico (como no caso brasileiro). No caso da Índia, Narlikar ressalta o papel de uma cultura política doméstica que sustenta demonstrações grandiosas e oposicionistas no plano externo. Pode-se argumentar que o critério do sucesso é o mais importante. As metas da Índia de obtenção de maior influência no mundo e na região permanecem; a integração econômica liberal oferece um meio de atingir tais metas. Assim, a atitude desafiadora se origina da confiança renovada no sucesso econômico. Tal argumentação não implica aceitação da crença realista de que poder econômico é inevitavelmente associado a um desafio político-militar. Ao contrário, sugere que todos os países, mas especialmente países muito grandes, ponderam bem-estar econômico e desenvolvimento com considerações de poder e autonomia. O poder é relevante porque, mesmo no contexto de contínua reforma liberal em uma economia global predominantemente de mercado, o espaço para conflitos de interesses e de valores permanece muito grande. Quem ganha quanto? Quem define as regras da economia global? Quem tem seus valores representados nessas regras?

Conclusão

No começo do capítulo sugeri varias razões para considerar Brasil, Rússia, Índia e China como um grupo. Duas outras similaridades devem ser realçadas. A primeira é o sentimento compartilhado de incerteza, especialmente relativa ao comportamento dos Estados Unidos. Não é, portanto, surpreendente que a prática de *hedging* seja característica visível da política externa desses países. A segunda, e talvez mais surpreendente, é o sentimento compartilhado de vulnerabilidade. O tamanho pode aumentar o número de opções, e cada um desses países pode acreditar em seu direito "natural" a um papel influente no plano internacional, mas todos eles permanecem avidamente conscientes de sua vulnerabilidade. O caráter específico dos problemas desses quatro países varia de caso a caso, assim como o grau de vulnerabilidade sistêmica que eles enfrentam, as dificuldades de suas respectivas regiões e vizinhanças além de sua coesão interna e capacidade estatal.

Por outro lado, os capítulos a seguir servem para realçar como esse é um grupo extremamente heterogêneo. A Rússia é uma potência em declínio nos últimos 20 anos, cuja decadência a política externa tem procurado frear. Não está claro se será bem-sucedida. A China está em uma categoria própria. Não apenas seus recursos e desenvolvimento em potencial são de uma ordem diferente; mas também seu poder tem combinado uma perspectiva de longo prazo de onde a China deseja estar no futuro e, como Estado, tem mantido um grau significativo de força e coerência. Também tem demonstrado estar consciente de como seu poder crescente pode ser visto como ameaçador. No futuro próximo, Índia e Brasil podem ser tidos não como grandes potências, mas como países intermediários crescentemente ativistas e influentes.

Brasil e Índia estão em uma categoria diferente por mais uma razão. Por um lado, podem ser vistos – e gostam de se ver – como futuras grandes potências. Por outro lado, têm se identificado mais especificamente como países em desenvolvimento têm compreendido suas opções de política externa pelo prisma das relações Norte-Sul. Isto tem sido recorrente no caso da Índia; no caso do Brasil tem sido um assunto mais ambíguo, porém em clara ascendência sob o governo Lula. A linguagem do terceiro-mundismo e da solidariedade Sul-Sul será mera ressaca do passado? Ou será uma estratégia que reflete um conjunto particular de interesses contingentes (como em questões comerciais na OMC)? Ou será ainda reflexo de um conjunto mais profundo de crenças, interesses e compromissos? Caso seja, o que acontece se aquela "identidade de país em desenvolvimento" entrar em conflito com a "identidade de aspirante a grande potência"? Em ambos os casos essa dualidade é demonstrativa da tensão entre desejo de uma influência internacional e a continuada sensação de vulnerabilidade, demonstrativa da dificuldade em defender-se de um mundo crescentemente invasivo que desafia tradicionais modos nacionais de agir e pensar. Diz respeito também aos contestados – e até agora inacabados – debates sobre até onde esses países devem aceitar a ordem liberal globalizada e sobre qual é o espaço para a autonomia nacional diante do caráter cambiante da economia global e o poder hegemônico norte-americano.

Capítulo 1

Brasil como país intermediário e poder regional*

Maria Regina Soares de Lima e Monica Hirst

Desde os primeiros anos do século XX, uma das maiores aspirações da política externa brasileira tem sido o reconhecimento internacional condizente com a crença de que o país deveria assumir seu papel "natural" de "grande país" nas questões mundiais. O anseio brasileiro por influenciar regras e regimes internacionais e ser considerado um ator importante encontrou expressão em formas brandas de poder:** o país evitou acumular poder em sua forma mais bruta, especialmente o poder militar. Ao contrário, o pleito por maior influência está associado a outros atributos clássicos do poder, como território, população e perfil econômico. A localização do país em um ambiente regional relativamente pacífico, a solução antecipada de suas demandas territoriais e disputas

* Tradução de Dani Kaufmann Nedal.

** Nota do Tradutor: *Soft power*, no original em inglês. Termo cunhado pelo cientista político Joseph S. Nye Jr. no início dos anos 1990 para denominar os recursos ideológicos, morais ou culturais que permitem que influência seja exercida sem recurso à coerção ou a incentivos econômicos (característicos do exercício do poder bruto, ou *hard power*).

fronteiriças, e sua consequente posição de defensor do *status quo* regional também ajudam a explicar a aspiração a um papel internacional de mediador.

Embora as bases para uma política externa autônoma tenham se tornado mais restritas no período pós-Guerra Fria, o Brasil continuou buscando preservar uma voz independente na comunidade internacional e alguma independência em suas ações. O país tem também demonstrado clara intenção de expandir esse seu papel e as responsabilidades que assume – na política regional, nas agendas do Terceiro Mundo e em instituições multilaterais. Indícios recentes disto incluem a iniciativa da criação de uma Comunidade Sul-Americana; as políticas e participações ativas em negociações comerciais em fóruns regionais e globais; os esforços para estreitar relações com grandes potências mundiais como China e Rússia; o desejo de fomentar coalizões Sul-Sul, particularmente com Índia e África do Sul; a promoção de candidatos próprios à Organização Mundial do Comércio (OMC) e ao Banco Interamericano de Desenvolvimento; e a campanha pelo assento permanente em um Conselho de Segurança das Nações Unidas (CSNU) ampliado. Além disso, à medida que a democracia se consolida no país, o Brasil tem tentado vincular sua atuação crescentemente proativa em assuntos mundiais ao apoio doméstico a essa política externa com maior perfil político. Nesse contexto, os esforços do governo contra a pobreza, a desigualdade social interna e sua política externa assertiva podem ser vistos como dois lados da mesma moeda.

Apesar de muitos comentadores terem enfatizado o alto grau de estabilidade da política externa brasileira ao longo dos anos, não há dúvida de que, desde a inauguração do governo Lula em janeiro de 2003, a mudança tem predominado sobre a continuidade. A inclusão da agenda social como tópico importante da política externa foi uma das primeiras e maiores inovações. O Brasil também veio a conceder ênfase muito maior à necessidade de revisão conceitual e reforma prática de grandes instituições internacionais, especialmente a ONU, e tem expressado particular preocupação com a distribuição desigual de poder e riqueza no interior de tais instituições e as distorções que a ordem vigente impõe.

Neste capítulo apresentamos uma visão geral das características centrais da política externa brasileira, focalizando quatro desses aspectos: a natureza instrumental da política externa brasileira e sua estreita relação com os objetivos de desenvolvimento e de política econômica; o compromisso do país com o multilateralismo; a crescente importância da política e segurança regionais para o Brasil; e a recente evolução das relações Brasil-Estados Unidos. A conclusão apresentará os principais desafios enfrentados pelo país e a dificuldade de combinar uma maior ambição e resultados concretos.

Os determinantes da política externa e a primazia do desenvolvimento

Um fator importante a moldar a política externa brasileira é sua localização no hemisfério ocidental. A região tem sido sujeita, historicamente, ao poder dos Estados Unidos e ao seu alto grau de influência cultural e econômica. Contudo, exceto durante a II Guerra Mundial, a América do Sul tem tido limitado valor estratégico para Washington. Ao mesmo tempo, o contexto regional representou fonte de estabilidade para o Brasil. Já no início do século XX o Brasil havia solucionado pacificamente todas as disputas territoriais com países vizinhos. Subsequentemente, há mais de um século o Brasil se percebe como "geopoliticamente satisfeito" e, em contraste a outros Estados da região, o processo de consolidação do Estado nacional brasileiro foi resultado de negociações diplomáticas bem-sucedidas e não de conflitos militares abertos.

Essa combinação peculiar de localização na área de influência imediata dos Estados Unidos e um ambiente regional estável explicam grande parte das percepções compartilhadas pelas elites brasileiras que compõem a comunidade de política externa.[1] Considerações econômicas, e não militares ou de segurança, configuram os principais riscos e ameaças externas percebidos pelas elites. As principais vulnerabilidades externas são econômicas, e a política externa sempre teve um forte componente desenvolvimentista. Como resultado, o núcleo da agenda da política externa brasileira sempre foi predominantemente condicionado pelo modelo econômico vigente, e a evolução da política externa foi vinculada às conjunturas críticas do desenvolvimento de tal modelo. As conjunturas críticas são geradas por uma combinação simultânea de transformações sistêmicas e domésticas: são momentos nos quais os padrões dominantes de desenvolvimento econômico interno e a inserção internacional se esgotam e uma nova coalizão sociopolítica emerge, alterando tanto a política econômica externa quanto a política externa.[2] Duas dessas conjunturas críticas podem ser identificadas no século XX: a primeira ocorreu nos anos 1930, com a crise do modelo agroexportador e a consequente adoção do modelo de industrialização por substituição de importações (ISI); e a segunda nos anos 1990, com o esgotamento do regime de "industrialização protegida" e sua substituição por um modelo de integração competitiva à economia global.

O Brasil se industrializou rapidamente durante a segunda metade do século XX, e o país foi um dos exemplos mais bem-sucedidos do modelo de substituição de importações. As principais características desse modelo de desenvolvimento eram: o papel central do Estado na regulação, na provisão de incentivos e na produção; a relativa discriminação contra produtos importados; e grande participação de investimento estrangeiro direto em ampla gama de setores industriais. Nos anos 1960 e 1970 um componente exportador foi adicionado a essa estratégia desenvolvimentista. A política externa se tornou um instrumento importante do modelo ISI, e isto, por sua vez, fez crescer as demandas brasileiras pelo tratamento diferencial para os países em desenvolvimento no regime de comércio internacional, pela criação de um Sistema Geral de Preferências (SGP) para as exportações de países em desenvolvimento, para a abertura de novos mercados e a expansão da cooperação econômica entre países do Sul.

As próprias trajetórias de desenvolvimento criam novas ideias, interesses e instituições, que se tornam de difícil remoção, uma vez que um país começa a trilhá-las. As condições internacionais que contribuíram para a emergência de uma trajetória específica podem evoluir ou até mesmo desaparecer, sem que ocorra mudança de instituições, interesses e ideias associadas a tal trajetória. Padrões de desenvolvimento são, portanto, trajetória dependente (*path dependent*).* Isto certamente é verdade no caso do Brasil, e é isto que nos ajuda a explicar a estabilidade e continuidade da política externa brasileira durante o período de ISI. Analiticamente se compreende tal continuidade como resultado de alguma das seguintes circunstâncias: os interesses materiais e valores da coalizão social dominante que apoiava o modelo; o relativo isolamento burocrático do Ministério das Relações Exteriores, o Itamaraty e a promoção de um conjunto particular de

---

* Nota do Tradutor: *Path dependence* é um termo da língua inglesa que denomina a dependência, em tempo presente, de uma trajetória (estratégica, tecnológica, ou, nesse caso específico, institucional) decorrente de escolhas passadas; dependência essa reforçada pela tendência autorreprodutiva de tais instituições.

ideias sobre política externa; a "resistência paradigmática" e a forma como ideias antigas continuaram a exercer influência sobre a visão de mundo das autoridades brasileiras; e ainda como resultado da estreita relação entre a identidade internacional do Brasil e sua orientação de política externa.[3]

O papel do Itamaraty é especialmente importante. Ainda que não seja uma instituição criada pelo modelo de desenvolvimento com base na ISI, foi central à consolidação doméstica do modelo e ao reconhecimento internacional do mesmo. Uma ligação estreita e virtuosa foi estabelecida entre os objetivos do ISI e o objetivo de construção de uma política externa autônoma. Isto teve duas consequências. Primeiro, o Itamaraty obteve considerável legitimidade doméstica por seu papel como um dos principais instrumentos de desenvolvimento do país. Segundo, o Itamaraty adquiriu poderosa "memória institucional" na qual muitas das características e valores associados ao ISI retiveram influência e atratividade, mesmo após o declínio desse modelo de desenvolvimento.[4]

A conjuntura crítica seguinte ocorreu mais recentemente, nos anos 1990, quando o ambiente político mudou em virtude de condições econômicas severas e restrições sistêmicas produzidas pela crise fiscal do Estado – embora se deva ressaltar que o processo de ajuste estrutural e o progresso da reforma econômica foram mais graduais e incrementais do que em outros países latino-americanos como Argentina e México. Ademais, a crise do modelo de desenvolvimento ocorreu no contexto do fim da Guerra Fria e nos estágios finais do regime militar que governou o país de 1964 a 1985. Mudanças na política econômica e a emergência de uma ordem política constitucional doméstica tiveram implicações importantes para a política externa do país. Uma das consequências dessas mudanças foi o desenvolvimento da ideia de "autonomia pela participação".[5] Com essa inovação conceitual, a política externa reteve seu "desejo de autonomia",[6] porém, ao mesmo tempo, buscou remover o legado do autoritarismo e responder ao poder internacional do liberalismo global. Durante o governo militar, o país tivera uma atitude bastante defensiva em muitos dos regimes internacionais, especialmente ao que se referia a direitos humanos, controle de tecnologia sensível e não proliferação nuclear. Durante os anos 1990 essa atitude defensiva foi substituída pela noção de que se tornara imperativo para o Brasil a participação plena em todos os regimes internacionais.

Embora a década de 1990 possa ser considerada uma nova conjuntura crítica para a política externa brasileira, tal conjuntura não propiciou a criação de um consenso claro e inconteste. Em 2002, uma pesquisa conduzida entre membros da comunidade de política externa no final do governo Fernando Henrique Cardoso (FHC) indicou uma aspiração consensual à maior influência internacional e, no entanto, uma clara divisão quanto aos meios pelos quais esse objetivo deveria ser atingido. Dois modelos alternativos foram identificados. O primeiro, denominado busca por credibilidade, enfatizava a necessidade de se enxergar o país pela perspectiva de seus potenciais parceiros. Sob essa ótica, o Brasil não teria um "superávit de poder" e, por consequência, a maior autonomia nacional derivaria "da capacidade de cooperar na criação de regras e instituições".[7] Recuperar a confiança e a credibilidade internacionais dependeria também do sucesso da estabilização macroeconômica e da implementação da reforma política. A outra estratégia priorizava o objetivo de autonomia e buscava maior projeção internacional e manutenção de flexibilidade na política externa. Defende assim uma "política desenvolvimentista ativa", a "colaboração com países com interesses similares" e a necessidade de se "articular um projeto nacional focado em superar os desequilíbrios sociais domésticos".[8]

Apesar de o governo Lula ter adotado uma política macroeconômica ortodoxa similar àquela do governo FHC, sua política externa diverge significativamente, ainda que não completamente, em direção a uma estratégia mais focada na autonomia. Portanto, metas de desenvolvimento foram mais uma vez incorporadas à política externa brasileira. A iniciativa Ibas, lançada em 2003, que reúne Índia, Brasil e África do Sul, demonstrava não apenas a renovada centralidade do desenvolvimentismo, mas também a ênfase renovada na cooperação Sul-Sul. Essa iniciativa tenta combinar os temas clássicos da cooperação Sul-Sul – especialmente o desenvolvimento, a luta contra a pobreza e a defesa do multilateralismo – ao compromisso com instituições e valores democráticos. No contexto de crescente protecionismo e acesso cada vez mais difícil aos mercados desenvolvidos, os ganhos econômicos e comerciais da cooperação com países em desenvolvimento adquiriram maior importância estratégica para o Brasil.[9]

Uma forte preferência pelo multilateralismo

O envolvimento ativo em instituições e arenas multilaterais tem sido uma característica constante da política externa brasileira desde o fim do século XIX. O Brasil foi a única nação sul-americana a participar da I Guerra Mundial como beligerante, e isso lhe garantiu presença na Conferência de Paz em Paris, em 1919. O país buscou reformar o incipiente sistema de segurança coletiva criado pela Liga das Nações. Apresentou-se como mediador entre grandes potências e nações menores, defendendo os interesses dessas e, simultaneamente, se posicionando de modo a assumir *status* equivalente àquelas.[10] O Brasil também participou ativamente das principais conferências que levaram à ordem multilateral criada após 1945. O país é membro-fundador das Nações Unidas e um dos 23 países fundadores do Acordo Geral sobre Tarifas e Comércio (Gatt, na sigla em inglês), bem como uma das 56 nações representadas na Organização Internacional do Comércio (OIC) em Havana. Em geral, a participação de nações em desenvolvimento no quadro institucional da ordem pós-1945 foi influenciada pelo duplo objetivo de promover o desenvolvimento econômico e aprofundar a autonomia política. O Brasil certamente se inseria nesse padrão, embora seu ativismo político nas coalizões de Terceiro Mundo nas décadas de 1960 e 1970 – particularmente na Comissão das Nações Unidas para Comércio e Desenvolvimento (Unctad, na sigla em inglês) e no Gatt – fosse voltado para atender interesses primordialmente econômicos, e não políticos.[11]

Durante a Guerra Fria, o Brasil adotou posição discreta em questões de paz e segurança internacionais e foi apenas no período subsequente que o país assumiria uma atitude mais proativa. Em contraste, tem sido consistentemente ativo em negociações sobre comércio e desenvolvimento desde 1945. Ao lado de países como Índia e México, o Brasil desempenhou papel proeminente na coordenação das coalizões de Terceiro Mundo, especialmente liderando o Grupo dos 77 (G-77). Da década de 1960 ao início dos anos 1980, o Brasil não assumiu o papel de demandante no regime comercial e seu envolvimento na negociação de assuntos comerciais específicos foi limitado. No entanto, defendeu fortemente certos princípios, como: preferência por um regime comercial baseado na norma da cooperação e do desenvolvimento (como enfatizado na Unctad) em oposição aos princípios de mercado que dominavam o Gatt; forte apoio a normas como a não discriminação e ao princípio da reciprocidade como forma de limitar as medidas arbitrárias e ações unilaterais e protecionistas de países industriais; apoio à implementação de regras favorecendo países em desenvolvimento, principalmente o Tratamento Especial e Diferenciado e a não reciprocidade; e alinhamento político com o G-77 em outras agendas multilaterais.[12]

Desde o final dos anos 1970, a atuação do Brasil foi a de reduzir danos, à medida que tentou adiar, ou até mesmo impedir, a adoção de novas regras e procedimentos que: introduzissem diferenciação entre os países em desenvolvimento; enfraquecessem regras multilaterais; e tornassem políticas e práticas domésticas mais estritamente sujeitas à disciplina legal do regime de comércio internacional. Durante a Rodada de Tóquio, por exemplo, um dos principais objetivos brasileiros foi o de evitar a eliminação do tratamento diferenciado para os mais desenvolvidos dentre os países em desenvolvimento. Outra grande meta nas negociações foi a de fortalecer o sistema multilateral, especialmente a cláusula de NMF nos vários códigos de barreiras não tarifárias (BNT), algumas dessas de grande interesse do Brasil, como aquelas referentes a medidas antidumping, subsídios e sobretaxas e salvaguardas. Entre o fim da Rodada de Tóquio e o começo da Rodada Uruguai, países como Brasil e Índia cooperaram ativamente, no Grupo dos 10, na coordenação de uma estratégia de limitação de danos contra a iniciativa norte-americana de incluir novos temas (propriedade intelectual, serviços e investimentos) nas negociações comerciais multilaterais. A Rodada Uruguai demonstrou os limites dessa estratégia e ressaltou o perigo do isolamento político dentro da "coalizão dos fracos".

Durante a Rodada Uruguai, a agenda comercial se tornou mais ampla e complexa, e a própria estrutura do processo de negociação foi modificada. Negociações foram além das medidas tarifárias tradicionais (concessões tarifárias mútuas) e passaram a envolver cada vez mais compromissos políticos que teriam, inevitavelmente, grandes repercussões domésticas. Essas mudanças levaram à crise do G-77, a divisões políticas entre os países em desenvolvimento e à emergência de novas coalizões envolvendo tanto países em desenvolvimento quanto desenvolvidos, como o Grupo de Cairns.[13] A partir de 1988, os países em desenvolvimento foram mais flexíveis em suas negociações, principalmente em decorrência da crise generalizada de suas estratégias de desenvolvimento e de barganha. A desintegração política do G-77, junto com o efeito de *bandwagoning* acarretado pelas novas mudanças, tornou claros os limites dos princípios e posições terceiro-mundistas e ressaltou o grau no qual interesses materiais – e não simplesmente princípios comuns – são necessários para sustentar coalizões. De certa forma, a formação da coalizão do G-20 na reunião de Cancún em 2003 representou o renascimento do espírito de uma coalizão do Terceiro Mundo, embora concentrada nos interesses agrícolas específicos dos países em desenvolvimento. A criação do G-20 foi uma oportunidade para o Brasil renovar seu papel de "intermediário indispensável" entre os "fracos" e os "fortes". Porém, mesmo que o G-20 tenha ecos no passado, também eleva Brasil à nova posição de demandante em assuntos agrícolas. Tal modo de negociar, por sua vez, resulta da alta competitividade de suas exportações agrícolas, bem como da tradicional ênfase nos assuntos procedimentais na Organização Mundial do Comércio (OMC), nas normas referentes a acesso a mercados e na importância de fortalecer regras multilaterais.[14]

O atual quadro de governança global apresenta uma série de difíceis dilemas aos "novos influentes" no Sul. Certamente é verdade que a evolução e desenvolvimento do sistema multilateral de comércio e segurança dependem da participação ativa desses, e isto lhes confere influência considerável. Contudo, sua posição é desafiada tanto pelo fato de não mais contarem com o apoio pleno da "coalizão dos fracos", quanto pela variedade dos outros instrumentos (bilaterais, regionais e até mesmo unilaterais) utilizados pelos Estados mais fortes na defesa de seus interesses.

Nos últimos anos a ONU enfrentou crescente pressão por reforma institucional e democratização de seus processos decisórios. O Brasil argumentou fortemente que a ONU deveria somar bem-estar social e desenvolvimento econômico às suas preocupações com paz e segurança internacionais. Nos anos 1960 o Brasil foi um participante ativo nas discussões no Comitê para Desarmamento, mas se recusou a assinar o Tratado de Não Proliferação Nuclear (TNP), que via como clara expressão da tendência ao "congelamento do poder mundial". Após o fim da Guerra Fria, no entanto, o Brasil abandonou a atitude defensiva sobre regimes internacionais de não proliferação, acedendo ao Regime de Controle de Tecnologia de Mísseis (MTCR, na sigla em inglês) em 1994 e ratificando o TNP em 1998. Ao mesmo tempo, apoiou o aperfeiçoamento de iniciativas multilaterais, particularmente o papel expandido da ONU em operações de *peacekeeping* (manutenção de paz). Participou também na Missão de Observação das Nações Unidas em El Salvador (Onusal), na Missão de Observação das Nações Unidas em Moçambique (Onumoz) e na Missão da ONU em Angola (Unavem), na qual contribuiu com o envio de 1.300 soldados – o maior contingente militar brasileiro enviado ao exterior desde a II Guerra Mundial. O Brasil contribuiu também com unidades policiais à missão da ONU ao Timor Leste em 1999 e lidera a missão de *peacekeeping* da ONU no Haiti desde 2004.

Como membro não permanente, o Brasil esteve ausente do Conselho de Segurança das Nações Unidas por 20 anos, entre 1968 e 1988. A primeira data coincide com a recusa brasileira de assinar o TNP, a segunda com o re-estabelecimento da democracia no país com a promulgação da nova Constituição. Desde então o padrão de envolvimento do país se alterou dramaticamente. Juntamente com a Índia, o Brasil é um dos membros não permanentes que ocupou assento no conselho durante mais tempo entre 1945 e 1996: 14 anos não consecutivos no caso do Brasil e 12 no caso indiano.[15]

A atenção brasileira referente à reforma da ONU tem se concentrado em três aspectos, todos refletindo interesses de longa data: o fortalecimento de princípios e normas multilaterais, particularmente no que diz respeito à autorização para o uso de instrumentos coercitivos, como previsto pelo Capítulo VII da Carta da ONU; a necessidade de restabelecer a fronteira conceitual entre *peacekeeping* e *peace enforcement* (imposição da paz); e a reformulação da estrutura decisória do Conselho de Segurança visando aumentar sua representatividade e legitimidade na ordem pós-Guerra Fria.[16] A autopercepção do país como mediador entre fracos e fortes e o uso da diplomacia "parlamentar" são vistos como meios viáveis de conquistar maior influência.[17]

Para o Brasil, o fortalecimento da estrutura jurídica e parlamentar do sistema ONU é mais necessário do que nunca, considerada a presente ordem unipolar.[18] O país tem, portanto, demonstrado preocupação com a erosão da distinção entre operações de *peacekeeping* e *peace enforcement* na definição de ações coercitivas empreendidas sob o capítulo VII, e tem defendido veementemente o princípio de não intervenção, a resolução pacífica de controvérsias e a ênfase nas raízes econômicas de questões de segurança. Também tem ressaltado a necessidade de aperfeiçoar a cooperação internacional voltada ao desenvolvimento, dentro do conjunto de ações mediadoras não coercitivas.

Por fim, o apoio brasileiro à reforma da estrutura decisória do Conselho de Segurança é indissociável de sua insistência na necessidade de dar mais substância internacional aos valores democráticos caros à comunidade internacional. A aspiração do país a um assento permanente no Conselho de Segurança foi anunciada oficialmente em 1994, pelo chanceler Celso Amorim. A expansão do conselho tem sido justificada pela necessidade de se adaptar as instituições à nova realidade do mundo pós-Guerra Fria e pelo argumento segundo o qual o alargamento e o equilíbrio da representação aumentariam a legitimidade da organização e a efetividade de suas decisões coletivas. O governo Lula tem feito do assunto uma das prioridades de sua agenda de política externa. Brasil, Índia e África do Sul demandam assentos permanentes baseados no princípio da representação geográfica. Já México e Argentina argumentam pelo aumento do número dos membros não permanentes. Dada a quase impossibilidade de alcançar consenso regional nessa questão, desde 2002 o Brasil tem angariado apoio, por meio da expansão de contatos bilaterais fora da América Latina, com países que já expressaram simpatia pela candidatura brasileira. Ainda, a reforma do Conselho de Segurança figura como um dos principais itens do programa da iniciativa Ibas.

As oportunidades e limites da política regional

A partir do processo de democratização no final dos anos 1970 e início dos anos 1980, o Brasil passou a identificar nas relações com países latino-americanos uma das prioridades da política externa. Até meados dos anos 1990, o principal foco da política brasileira era a promoção da integração regional e, em particular, o desenvolvimento do Mercosul, o mercado comum do Sul criado em 1991. Laços com os países andinos se desenvolveram como parte das negociações inter-regionais do Mercosul [como no caso das negociações do Mercosul com a Comunidade Andina (CAN)], ou como reflexo de interesses bilaterais específicos. Após a constituição do Tratado Norte-Americano de Livre-Comércio (Nafta, na sigla em inglês), autoridades brasileiras passaram a questionar cada vez mais a ideia de uma região única denominada "América Latina". A presença regional e internacional do Brasil tem sido percebida como um processo intimamente associado à emergência da "América do Sul" como um grupo particular no interior da comunidade internacional.[19] A construção da identidade do Brasil, como país latino-americano, foi, portanto, gradualmente substituída pela ideia de país sul-americano.

Durante o segundo governo FHC (1998-2002), o Brasil assumiu uma presença mais ativa na América do Sul e passou a desenvolver uma liderança mais ostensiva na região. Além de inaugurar uma série de cúpulas presidenciais sul-americanas em 2000,[20] Brasília também se tornou mais ativa na gestão de crises regionais.[21] Tentou-se introduzir, de forma gradual, mais vida ao Pacto Amazônico – um grupo criado em 1978 pelo Brasil e seus vizinhos amazônicos – e procurou desenvolver uma agenda de cooperação com Bolívia, Peru, Venezuela e Colômbia.[22] Em um primeiro momento, o Brasil parecia estar mais interessado em intensificar a cooperação comercial e promover projetos de infraestrutura (especialmente redes de transporte e energia). Cuidado especial foi dedicado a evitar dar a impressão de que o país tentava criar uma frente unida em negociações com os Estados Unidos. Apesar da cautela, Argentina e Chile se mostraram mais desconfiados do que entusiasmados com as atividades diplomáticas brasileiras na

América do Sul; enquanto outros países, como Venezuela e Bolívia, apoiaram as iniciativas brasileiras.

Também nessa área mudanças significativas ocorreram após a posse de Lula. O Itamaraty passou a ser muito mais explícito em seu desejo e determinação de conquistar mais rapidamente uma posição de liderança na América do Sul. O processo decisório também se tornou mais complexo. O Itamaraty tem insistido fortemente em que a América do Sul deve ser promovida ao topo da lista de prioridades da política externa brasileira; e o presidente e seus assessores, por sua vez, também têm demonstrado maior interesse e envolvimento com a política regional.[23] Isto implicou tanto uma maior aproximação entre a política partidária e a diplomacia quanto um maior esforço por parte do Brasil em manejar e influenciar resultados políticos domésticos em países sul-americanos. Consequentemente, observou-se a expansão e diversificação das comunicações com atores políticos na maioria dos países da região – apesar das críticas de setores das elites no Brasil sobre a adequação desta "diplomacia paralela".[24]

Além da inauguração da Comunidade Sul-Americana de Nações, o governo Lula tem dado grande ênfase à expansão das relações econômicas dentro da região, envolvendo iniciativas públicas e privadas. Três premissas principais guiaram a política brasileira para a América do Sul: primeiro, a ideia de que uma presença mais proeminente na região seria compatível com laços mais estreitos com a Argentina; segundo, que o impacto da presidência de Lula sobre a democracia brasileira poderia ter um efeito de difusão da estabilidade política na região; e terceiro, que o sucesso da presença brasileira na região automaticamente fortaleceria as aspirações globais do país, consolidando o apoio regional à ampliação da presença brasileira em assuntos mundiais.

A primeira premissa está associada à ideia de que o estreitamento das relações com a Argentina seria e deveria ser conquistado a partir do fortalecimento do Mercosul. Embora tenha se desenvolvido rapidamente durante os anos 1990, com a negociação de um número sem precedentes de compromissos, em 1999 o Mercosul entrou em um período de crise e até mesmo paralisia. Como resultado, Brasil e Argentina iniciaram uma intensa série de negociações bilaterais, tentando desfazer os nós e solucionar algumas das muitas disputas que haviam se acumulado ao longo dos cinco anos anteriores.[25] Para a então recente presidência Néstor Kirchner na Argentina, contudo, havia se tornado condição *sine qua non* de qualquer renovação do Mercosul que o arranjo regional abandonasse sua antiga defesa de um "regionalismo aberto" e reafirmasse uma estratégia mais abertamente desenvolvimentista. Para a Argentina, isso se traduzia em expectativas renovadas de que o Brasil fizesse concessões, especialmente no que dizia respeito à política de investimentos e à aceitação de mecanismos de salvaguarda. Essas expectativas rapidamente levaram a uma nova onda de discordâncias. A impossibilidade de alcançar um acordo afetou adversamente os resultados da Cúpula de Ouro Preto, realizada em dezembro de 2004, e adiou mais uma vez a revitalização efetiva do Mercosul. Por outro lado, apesar das comunicações intergovernamentais não terem atendido às expectativas iniciais, o comércio entre os membros do Mercosul se recuperou significativamente nos últimos anos; observando-se também uma expansão dos investimentos entre os membros, bem como um visível aprofundamento dos laços intersocietais culturais e educacionais.

O mais importante da segunda premissa é a extraordinária complexidade da política regional e dos possíveis cenários políticos. A ideia de que o Brasil deva ampliar sua responsabilidade na manutenção da estabilidade política na América do Sul, por via da promoção de instituições e valores democráticos mais vigorosos, tem encontrado dificuldade de se realizar em vista das turbulências da política regional. É válido indagar se o Brasil teria se interessado em assumir tal responsabilidade, caso soubesse de antemão quão instáveis e difíceis as condições políticas dos países andinos se tornariam. Apesar da conclusão de tal especulação, essa é provavelmente a mudança mais importante e representa um afastamento significativo do comportamento anterior, calcado firmemente no princípio de não intervenção nos assuntos de outros Estados.

Assumir o papel de uma potência regional tem gerado demandas sem precedentes sobre o Brasil, e parece requerer capacidades que vão além das inquestionáveis habilidades diplomáticas do Itamaraty. Desde 2003 o Brasil interveio em crises políticas na Venezuela, Bolívia, Equador e Haiti. O Brasil liderou o "grupo de amigos da Venezuela" (que incluía também Chile, Colômbia, México, Portugal, Espanha e os Estados Unidos), cujo objetivo era buscar um entendimento entre o governo Chávez e grupos da oposição e encontrar uma solução política que não violasse os princípios democráticos. Na Bolívia, o Brasil, juntamente com a Argentina, ajudou a mediar a transição entre os governos Lozada e Mesa e agiu como força estabilizadora durante as insurreições de 2005 que levaram a uma nova sucessão presidencial e convocação de eleições gerais. No Equador, o Brasil se envolveu rapidamente na turbulência política que levou à interrupção brusca do governo Gutierrez. No Haiti, o Brasil assumiu a liderança da missão de *peacekeeping* da ONU,[26] na qual outros países têm participado, desde 2004.[27] Essa presença internacional no Haiti envolve uma ampla gama de tarefas que incluem monitoramento, reestruturação e reforma da política haitiana;

assistência ao governo de transição em programas de desarmamento, desmobilização e reintegração de grupos armados; ajuda na restauração e manutenção do marco legal, da segurança e da ordem pública no país; e proteção ao pessoal e às instalações das Nações Unidas e à população civil local.

A presença brasileira na América do Sul não está associada somente à recém-adquirida vocação de mediador e solucionador de crises regionais. Laços políticos mais intensos foram estabelecidos com governos de países do Cone Sul, como Uruguai e Chile em razão das relações entre o Partido dos Trabalhadores brasileiro – partido do governo – e as coalizões progressistas que governam ambos os países. Relações íntimas também foram forjadas com Chávez na Venezuela. Esses laços têm gerado reações entre setores das elites brasileiras semelhantes àquelas ocorridas na década de 1950 com alegações dos riscos envolvidos em associações a lideranças populistas antiamericanas.[28] A opinião doméstica sobre a política brasileira na região tem tendido a se dividir ao longo de linhas partidárias: a opinião conservadora tem, em geral, se oposto ao abandono da tradição de não intervenção, enquanto círculos progressistas intelectuais e políticos têm apoiado um envolvimento maior e mais comprometido nos assuntos regionais.

A terceira premissa nos leva ao aspecto mais ambicioso da diplomacia regional brasileira – e ao aspecto mais incerto, em termos de seus resultados. A expansão do envolvimento político brasileiro em crises locais, somada às atividades comerciais e de investimento crescentes com seus vizinhos sul-americanos, não tem gerado apoio imediato e automático à liderança regional em assuntos mundiais. Um primeiro teste fracassou na ocasião das eleições para o cargo de diretor-geral da OMC, quando as negociações intrarregionais foram bem menos tranquilas do que se esperava. Quanto à candidatura brasileira a um assento permanente no CSNU, o Brasil conseguiu obter apoio regional significativo, à exceção de Argentina e Colômbia. Por motivos distintos, ambos os países têm sido relutantes a endossar a aspiração brasileira de se tornar uma potência regional. No caso da Argentina isso se deve a um padrão histórico relacionado, por um lado, à antiga rivalidade entre os dois países e, por outro, à dificuldade enfrentada pelo Brasil em construir uma relação especial com a Argentina compatível com seus objetivos globais e regionais mais amplos. Quanto à Colômbia, as razões estão relacionadas ao alinhamento desta com os Estados Unidos e à percepção de que a presença estadunidense e brasileira na região gera inevitavelmente um jogo de soma zero. Isso nos leva ao tópico da seção seguinte.

Relações com os Estados Unidos: menos mudança do que continuidade

As relações entre Estados Unidos e Brasil têm passado por diferentes fases, oscilando entre "boas" e "calmas", sem jamais se tornarem abertamente hostis. Os dois Estados compartilham a noção de "divergência limitada" que, embora tendo evitado confrontação aberta, resultou em frustrações de ambos os lados, condição que tem dominado a relação há longo tempo. No relacionamento bilateral, ambos enfrentaram crises cíclicas de expectativas originadas de cálculos equivocados de ambas as partes. No entanto, por todo o século XX, as relações bilaterais desempenharam papel crucial na política externa do Brasil e na agenda hemisférica dos Estados Unidos. Apesar de as relações terem sido dominadas pela agenda intergovernamental, atores não governamentais têm recentemente expandido sua presença e ganhado importância. Organizações não governamentais (ONGs), entidades culturais e educacionais, bem como um grupo diverso de interesses econômicos privados, têm contribuído para tornar mais complexa e mais intensa a interação bilateral. À medida que as relações Brasil-Estados Unidos se tornaram mais complexas de ambos os lados, interesses militares, econômicos, políticos e culturais têm ampliado e contribuído para uma agenda mais aberta com a introdução de um amplo leque de questões e pressões.

Para os Estados Unidos, a importância do Brasil para a política mundial e de segurança internacional é pequena, especialmente quando comparada com aliados como Canadá e Reino Unido ou a outros Estados como Alemanha, Japão e Rússia. Para o Brasil, a situação é bem diferente. O país observa permanentemente os Estados Unidos e suas ações no plano político global, e decisões de política externa brasileira envolvem sistematicamente uma avaliação dos potenciais custos e benefícios de uma convergência ou de uma divergência.

Tal cautela tem aumentado no mundo unipolar, particularmente desde o 11 de Setembro. Diferenças entre Brasil e Estados Unidos, sobre as intervenções do último em crises mundiais e regionais, têm sido visíveis em episódios como a Guerra do Golfo (1991), a crise no Haiti (1996) e a tragédia no Kosovo (1998). Em todos os casos, os Estados Unidos teriam aceitado de bom grado o apoio do Brasil. Em suma, relações políticas entre os dois Estados visam primordialmente a coexistência prudente, colaboração quando possível e o mínimo de colisão. Enquanto os Estados Unidos avançam na consolidação de uma posição de poder inconteste; o Brasil procura estabelecer uma plataforma econômica e política, segura e legítima, na América do Sul.

As relações econômicas com os Estados Unidos são hoje muito mais complexas do que há 30 anos, cobrindo uma variedade multifacetada de negociações comerciais e pressões financeiras/monetárias. O comércio bilateral tem se tornado inextricavelmente ligado às disputas comerciais multilaterais avançadas no âmbito da OMC e às negociações comerciais regionais. Desde o início do governo Lula, maiores inovações eram esperadas em negociações comerciais regionais interestatais do que nas relações com investidores privados, com o sistema bancário e com as instituições multilaterais de crédito sediadas em Washington. No primeiro ano do governo Lula, as negociações da Área de Livre-Comércio das Américas (Alca) se tornaram a questão crucial das relações bilaterais, e um terreno cada vez mais sensível. Ao longo de 2003 e 2004, enquanto os dois países colideravam o processo, as negociações da Alca perderam seu norte e se tornaram um campo de batalha entre os Estados Unidos e o Mercosul, se fragmentando em diversas negociações paralelas entre Washington e outros blocos sub-regionais (Caribe, América Central e Comunidade Andina).

Da perspectiva dos Estados Unidos havia uma relativa preocupação, sobre a possibilidade de que um Brasil mais ativo pudesse unir a América do Sul em um bloco único que desestabilizaria a preeminência norte-americana no hemisfério. À medida que o Brasil aumenta seu ativismo nos assuntos regionais, os embates com os Estados Unidos em questões de comércio e segurança regionais tendem a politizar a agenda hemisférica norte-americana. E a ideia de que o Brasil poderia estar forjando uma frente unida regional em negociações com os Estados Unidos ganhou algum impulso nos círculos diplomáticos e políticos da América do Sul. Na realidade, porém, a inauguração do governo Lula deu contornos mais positivos à forma e à direção das relações Brasil-Estados Unidos.

Não é fácil para o Brasil lidar com as restrições impostas por sua localização da América do Sul na esfera de influência norte-americana. Washington e Brasília não têm compartilhado necessariamente das mesmas premissas no que se refere às zonas de conflito – como Colômbia – ou cenários políticos incertos, como aqueles apresentados pela Venezuela e Bolívia. As principais dificuldades na política regional para os dois países derivam da delicada situação colombiana, uma vez que o crescente envolvimento militar norte-americano em apoio ao combate à guerrilha e ao narcotráfico pelo governo colombiano tem prejudicado as condições de segurança na região amazônica próxima ao território brasileiro.[29] O Brasil está particularmente preocupado com o futuro político da Colômbia e a possibilidade de que o país esteja comprometido com o aprofundamento da presença política e militar dos Estados Unidos na região. Iniciativas recentes dos Estados Unidos na condução de exercícios militares no Paraguai têm dado razão a esse tipo de temor por parte das autoridades diplomáticas e militares no Brasil.

Dos muitos fatores que contribuem para as diferenças entre Estados Unidos e Brasil no que se refere à segurança regional, o mais importante diz respeito ao vínculo estabelecido pelos Estados Unidos entre sua participação no conflito colombiano e a guerra contra o terrorismo. Enquanto o governo norte-americano tende a aprofundar sua abordagem militarizada na guerra na Colômbia; o Brasil tem manifestado sua explícita preferência por um processo político envolvendo mediação internacional, com a participação da ONU, baseado na premissa de que todas as partes envolvidas no conflito deveriam participar das negociações. Sem dúvida existem grandes diferenças de afinidade política e ideológica entre Washington e Brasília, que têm reflexo em suas respectivas relações com Caracas e Bogotá. As relações entre o governo Uribe na Colômbia e o governo Bush têm sido muito mais amigáveis e cooperativas do que as relações com Chávez na Venezuela, enquanto o exato oposto pode ser dito do governo Lula. O Brasil percebe os problemas de segurança regional de forma distinta daquela do governo Uribe e teme as consequências do alinhamento óbvio da Colômbia com os Estados Unidos.

As prioridades da política externa do governo Bush desde o 11 de Setembro têm inevitavelmente afetado as relações bilaterais. Do lado negativo, o Brasil manteve distância da política de Washington para o terrorismo internacional, enquanto os Estados Unidos têm dado pouca atenção aos objetivos que o Brasil considera cruciais: desenvolvimento econômico, proteção ambiental e o fortalecimento do multilateralismo na segurança mundial. Pelo lado positivo, o desgaste das relações entre os Estados Unidos e a região como um todo – ilustrado pela cúpula hemisférica de março de 2005 – aumenta a importância de manter aberto um canal de comunicação com o Brasil.[30] Para o governo Lula, há alguma esperança de que um relacionamento positivo com os Estados Unidos possa contribuir para a consolidação do *status* do Brasil como potência regional. Contudo, ainda que diferentes prioridades não levem inevitavelmente à confrontação, há poucos sinais de uma crescente convergência entre os dois países no futuro próximo.

Desafios futuros

Apesar de as inovações de política externa introduzidas pelo governo Lula terem contribuído indubitavelmente para aumentar a visibilidade do Brasil nos assuntos internacionais, elas também geraram novos desafios.

Relações Sul-Sul

Desde o início do governo Lula, o Brasil tem dado grande ênfase à expansão das relações Sul-Sul, o que tem gerado grandes expectativas. Um dos primeiros passos dessa presidência foi ressaltar a relação entre a política social doméstica e questões Norte-Sul. O papel de liderança do Brasil na campanha da ONU "Ação contra a Fome e a Pobreza" foi emblemático. O governo também buscou forjar novas coalizões entre países do Terceiro Mundo. Em junho de 2003, Brasil, Índia e África do Sul assinaram a Declaração de Brasília, que criou o Fórum Ibas. O propósito dessa iniciativa foi o de desenvolver uma parceria estratégica entre países em desenvolvimento em torno de três interesses comuns: o compromisso com instituições e valores democráticos; o empenho em vincular a luta contra a pobreza a políticas desenvolvimentistas; e a convicção de que instituições e procedimentos multilaterais devem ser fortalecidos para lidar com as turbulências nas áreas econômica, política e de segurança.

A novidade desta iniciativa, um exemplo ímpar de coalizão Sul-Sul, deriva parcialmente do fato de envolver um grupo de países em desenvolvimento que são potências regionais. O Brasil, junto à África do Sul, tem expressado de modo explícito sua intenção de assumir novas responsabilidades em questões de segurança regional, defesa da democracia e consolidação de esquemas de integração regional – e o Ibas foi uma de suas mais importantes iniciativas Sul-Sul. Outros passos na mesma direção foram o envolvimento brasileiro na criação do G-20 no âmbito da Rodada de Doha; seus esforços de fortalecer laços com países árabes e africanos; e sua liderança na criação de uma Comunidade Sul-Americana de Nações.

Para o Brasil, uma das principais motivações por trás da criação do Ibas era a reforma do sistema ONU, especialmente do Conselho de Segurança, como vimos anteriormente. A Índia tem sido mais ativa do que a África do Sul em promover junto ao Brasil um CSNU maior e mais inclusivo. Ainda que esse objetivo seja amparado em termos da necessidade de democratizar o processo decisório internacional, é importante reconhecer que, na realidade, a proposta de expandir o Conselho de Segurança da ONU implicaria o reconhecimento da heterogeneidade – e hierarquia – no Sul e levaria à institucionalização dessas diferenças.

Do ponto de vista do Brasil, o G-20 representa uma tentativa significativa de dar prioridade renovada à agenda do desenvolvimento após o fim das coalizões terceiro-mundistas da década de 1970 (como o G-77) e das crises da dívida e fiscais dos anos 1980. A promoção, por parte do Brasil, de laços mais próximos com nações árabes e africanas é mais uma característica da política externa atual, e uma que remete ao legado autonomista. Desde os anos 1960 a política externa brasileira tem buscado, de tempos em tempos, desenvolver a identidade africana do país, ainda que esse impulso tenha sido baseado mais em uma história simbólica e afinidades culturais do que em interesses econômicos e valores políticos compartilhados. No caso da comunidade árabe, a retomada de tentativas anteriores de aprofundar interesses comuns tem sido obstruída recentemente pela conexão estabelecida entre a importância estratégica do Oriente Médio e a guerra empreendida pelos Estados Unidos contra o terrorismo. Tanto no caso dos países árabes quanto da África negra, existe uma clara ligação entre a promoção de relações mais íntimas e o apoio à candidatura brasileira ao Conselho de Segurança. Contra as expectativas brasileiras, no entanto, e como revelaram os eventos na Assembleia da ONU de 2005, a diplomacia dentro do Terceiro Mundo não é sempre motivada por uma solidariedade Sul-Sul. Também tem sido difícil para o Brasil harmonizar a diplomacia "sulina" com sua política e interesses regionais. Na realidade, a ideia do Brasil como líder regional não tem sido facilmente aceita por seus vizinhos sul-americanos.

A cooperação Sul-Sul pode se tornar um empreendimento oneroso para o Brasil. Em primeiro lugar, o país deve assumir as consequências da ação coletiva. Um claro exemplo disto são as dificuldades enfrentadas pelo Itamaraty em manter o G-20 unido diante das pressões de países industrializados, particularmente os Estados Unidos, por concessões não aceitas por alguns dos países desse grupo. Em segundo, determinadas orientações da política externa têm sido criticadas por setores das elites e a opinião pública doméstica tem estado mais atenta aos prós e contras da diplomacia ativista de Lula. Isto introduz um terceiro desafio intimamente relacionado ao contexto democrático no qual os governos brasileiros devem agora operar. Qual será o impacto da alternância das distintas coalizões de governo, processo natural em qualquer contexto democrático, sobre o equilíbrio entre continuidade e mudança na política externa brasileira? As relações exteriores do Brasil se tornaram uma questão controversa na política doméstica, e as divergências intraburocráticas sobre as prioridades de política externa também ficaram mais frequentes.

Segurança internacional

O posicionamento brasileiro em questões de segurança tem duas vertentes. Por um lado, o país defende sua prerrogativa de manter uma concepção forte de segurança que se reflete em muitos dos axiomas de sua política de defesa: a importância de proteger sua integridade territorial e interesses nacionais.[31] Por outro, tem ficado claro que uma opção mais promissora para o país em questões de segurança regional e global é o aperfeiçoamento do multilateralismo. O Brasil passou a se comprometer plenamente com regimes de não proliferação e reconhecer a importância de instituições multilaterais para a segurança mundial e regional. Como foi ressaltado, o Brasil tem sido um dos países intermediários mais ativos ao insistir na necessidade de uma ampla reforma institucional do sistema ONU, e particularmente da estrutura e procedimentos do CSNU. Em contraste com a Índia, o Brasil renunciou definitivamente às políticas de capacitação militar nuclear do passado, tornando-se assim uma "potência desarmada" no mundo em desenvolvimento.

Círculos políticos e intelectuais brasileiros não valorizam a dissuasão militar como fonte de prestígio internacional e/ou regional. Desde o século XIX, a presença brasileira na América do Sul tem representado, principalmente, um fator de estabilidade e paz que contribui para o perfil da região como zona relativamente pacífica. Como notado acima, a diplomacia brasileira, que foi construída sobre uma cultura de mediação e resolução pacífica de disputas, constitui um reforço à sensação de satisfação territorial. O orçamento militar brasileiro é, hoje, relativamente menor do que o de outros países sul-americanos como Venezuela, Colômbia e Chile, e suas capacidades de defesa são bem inferiores àquelas ostentadas por outras potências intermediárias, tais como Índia, Egito ou Indonésia. Enquanto em assuntos hemisféricos o Brasil se encontra inevitavelmente exposto ao poderio militar norte-americano, o país tem se esquivado de aprofundar cooperação em segurança com Washington e mantido uma autonomia nesse campo. Contudo, será mais difícil para o país manter alguma autonomia, se quiser expandir suas responsabilidades na segurança regional e mundial, como seria necessário em virtude de um assento permanente no CSNU. Isto certamente será um assunto controverso no Brasil. A decisão de assumir a liderança militar da Minustah deu início a um debate interessante no interior da comunidade de política externa brasileira no qual as consequências de longo prazo de assumir tais responsabilidades têm sido questionadas – especialmente dados as dificuldades de manter a efetividade da missão, os riscos encontrados no uso da força para manter a ordem no Haiti e a justificação para tal política diante da gravidade dos problemas sociais domésticos. Este ponto nos leva ao terceiro e último desafio.

Desigualdade social

O Brasil pode ser definido como "potência regional" sob qualquer indicador econômico, já que sua economia constitui metade da economia da região: quase metade do PIB da região é de origem brasileira. Além disso, o comércio brasileiro é mais diversificado do que o de seus vizinhos: apenas aproximadamente 25% das exportações brasileiras são destinados à região. Em anos recentes, a região foi identificada como uma área de diversificação de investimentos em setores não tradicionais e como localização estratégica para multinacionais brasileiras, especialmente nos setores de energia e engenharia pesada.

O Brasil que, juntamente com Argentina, Chile e Uruguai, vivenciou a transição de regimes autoritários para formas de democracias representativas, pode ser considerado hoje um país estável. Apesar de o governo Lula ter enfrentado sérias dificuldades políticas em seu primeiro mandato, sua reeleição em 2006 demonstrou que contava com uma ampla maioria na população brasileira. Por outro lado, as instituições políticas, submetidas a duras provas naquele momento, não experimentaram uma crise institucional, como ocorreu diversas vezes no passado. Não apenas continuaram a funcionar normalmente, como não se verificou qualquer tentativa extrainstitucional de interromper o processo democrático. Quaisquer que possam ser as críticas levantadas contra muitos aspectos do desempenho do governo, as instituições políticas do país permanecem estáveis.[32]

Em contraste com esse desempenho econômico e político, que reitera a classificação do Brasil como "potência regional", o desempenho social brasileiro é extremamente frágil. No *Relatório de desenvolvimento humano* de 2005, do Programa das Nações Unidas para o Desenvolvimento (Pnud), cobrindo 177 países, o Brasil ocupava em 2002 a 63ª posição no *ranking* mundial do índice de desenvolvimento humano (IDH), elaborado com base em uma combinação de dados sobre educação, saúde e renda *per capita*. O Brasil ainda é um dos países com mais desigualdades do mundo. Em 2003, enquanto os 10% mais ricos da população se apropriavam de 46,9% da renda nacional, os 10% mais pobres recebiam apenas 0,7%. Se levarmos em consideração o coeficiente de Gini – que mede o nível de desigualdade na distribuição de renda – o Brasil ocupava em 2003 a oitava posição no *ranking* geral.[33]

A grande assimetria econômica entre o Brasil e outros países sul-americanos é praticamente revertida, quando levamos em consideração o desempenho social do país. Por exemplo, em 2005 o IDH brasileiro (0,792) era inferior à média para

América Latina e Caribe (0,797). Argentina (0,863), Chile (0,854), Uruguai (0,840) e México (0,814) obtiveram IDH superiores – o que coloca estes quatro países na categoria de "elevado desenvolvimento humano". O Brasil, em contraste, foi classificado como "médio desenvolvimento humano", junto à Rússia (0,795), China (0,755) e Índia (0,602), entre outros. Apesar da severa crise econômica argentina, o país apresenta o maior IDH da América Latina e, em comparação com o Brasil, possui uma estratificação social muito menos desigual.[34]

A discrepância entre o desempenho da economia e das instituições políticas, por um lado, e o desempenho social, por outro, não impede que outros países percebam o Brasil como potência regional ou um "novo influente". O mesmo parece ser verdade no caso da Índia. À medida que países como Brasil e Índia são considerados membros de um novo grupo de potências influentes, poderíamos deduzir que a comunidade internacional continua utilizando critérios tradicionais na definição do significado do poder, contribuindo, de certo modo, para legitimar um modelo de desenvolvimento no qual os aspectos econômicos, políticos e sociais são considerados separadamente. Por outro lado, a frustração da expectativa de ascensão internacional no curto prazo poderia ter um efeito positivo no longo prazo. Num cenário positivo, tal resultado poderia estimular esforços domésticos destes novos influentes no sentido de reduzir a grande disparidade e dar início a uma trilha virtuosa de consolidação democrática, crescimento econômico sustentável e inclusão social.

Capítulo 2

O "R" dos Brics: a Rússia é uma potência emergente?*

Neil MacFarlane

A noção de potências emergentes pressupõe uma série de características comuns aos países em questão.[1] Isso inclui preponderância regional, aspiração a um papel global e um posicionamento de contestação à hegemonia dos Estados Unidos. Tais características fazem do grupo uma categoria útil na análise e formulação política. Em particular, a cooperação entre esses países e, possivelmente, entre eles e outras potências já estabelecidas – mas igualmente insatisfeitas com a configuração unipolar da política internacional (como a França) – pode criar a base para uma coalizão que possa equilibrar o poder norte-americano.[2] Há ampla evidência de que as potências emergentes sentem insatisfação com a atual estrutura da política internacional. Também se considera que elas têm potencial de cooperação entre si e com certos países europeus para fazer frente à potência hegemônica – desde a sugestão da

* Tradução de Ricardo Avelar.

entente entre França, Alemanha e Rússia, passando pelo repetido exame das possibilidades de um triângulo sino-russo-indiano, até o crescente interesse chinês e russo na cooperação bilateral em questões de segurança.[3]

O presente capítulo examina o papel da Rússia como uma "potência emergente". Como os russos interpretam o sistema internacional em que operam? Que tipo de sistema eles prefeririam? O que eles estão tentando fazer no sistema atual e por quê? Como estas considerações afetam suas relações com a potência hegemônica, com outros centros de poder – como a União Europeia (UE) –, e com outras potências emergentes?

A noção de "potência emergente" é dada em parte pela suposição de que o comportamento internacional dos países é determinado pelo seu lugar no sistema internacional. Segundo essa visão, os países fazem o que fazem porque, na estrutura de poder, eles estão onde estão. Países pequenos geralmente se aliam uns com os outros diante de ameaças; grandes potências tendem a fazer balanceamento de poder contra essas ameaças; "potências médias" flutuam em um universo pós-moderno em grande medida irrelevante; e as potências hegemônicas buscam o controle do sistema internacional. As potências emergentes são diferenciadas por sua identidade dinâmica; sua posição se transforma conforme aumenta seu poder e, junto com ele, sua capacidade de moldar as relações internacionais. Elas detêm alguma capacidade para redesenhar o sistema internacional, desafiando a hierarquia estabelecida do sistema em que atuam.[4]

Essa interpretação estrutural do comportamento estatal é amplamente contestada, seja por alternativas liberais que acentuam a natureza do regime interno do país como fator determinante de seu comportamento externo (por exemplo, ditaduras *versus* democracias),[5] seja por modelos que afirmam ser o comportamento externo dos países produto de dinâmicas internas (por exemplo, o jogo político ou a identidade nacional).[6] Entre a perspectiva estrutural e a liberal encontram-se as interpretações regionais que sugerem que o comportamento externo dos países pode ser fortemente influenciado por seus contextos geográficos imediatos.

Além disso, as interpretações estruturais tendem a enfatizar o "poder bruto" (*hard power*). No entanto, vários países, incluindo algumas potências emergentes, podem buscar melhorar suas posições no sistema internacional por meio do exercício de "poder brando" (*soft power*) – promoção de ideias e valores capazes de atrair terceiros. Nessa abordagem, são a identidade e os valores defendidos pelo país em questão que exercem maior influência nas relações internacionais.

Eu argumento que – dessas três possibilidades – a abordagem estrutural/ sistêmica implícita na noção de "potência emergente" é a mais fraca como explicação para a política externa da Rússia. A política russa é fortemente afetada pelo seu contexto econômico e político. Ela é muitíssimo dependente das tendências em sua vizinhança (a antiga área da União Soviética) e em regiões contíguas nas quais percebe seu próprio espaço (por exemplo, União Europeia e Organização do Tratado do Atlântico Norte [Otan], Europa e nordeste asiático). Em termos globais mais amplos, a Rússia não busca tanto deixar sua marca nas relações internacionais, mas sim limitar o grau em que processos sistêmicos (sejam de política e poder ou de ideias) obstruem a perseguição de seus objetivos mais limitados. O resultado é uma atitude em relação aos Estados Unidos que mistura parceria em muitos temas, concordância em temas de interesse vital para os americanos, e competição em questões secundárias para os Estados Unidos, mas vitais para a Rússia.

Com respeito ao "poder brando", a Rússia enfrenta significativas limitações em qualquer esforço para lograr influência com base em sua identidade nacional ou nas ideias e normas que defende, em parte devido ao fato de que o país ainda precisa desenvolver um consenso interno sobre esses mesmos valores e identidade. Assim, a Rússia tem pouco a exportar nesse quesito. Isso se deve, em parte, a suas próprias dificuldades internas em questões de direitos humanos e normas de governança, âmbito no qual ela abraça definições conservadoras de soberania e autonomia nacional em sua própria jurisdição. Embora essa visão possa encontrar ressonância em outras partes do Terceiro Mundo, e também em certos Brics (como a China), ela tem poucos adeptos na Europa.

A Rússia está emergindo?

Estas qualidades da política externa russa são em certa medida um reflexo do fato de a Rússia não ser uma potência emergente no sentido discutido anteriormente. A noção de emergência sugere um país que cresce de maneira dinâmica e que está passando por uma transformação; um país cujo poder faz com que ele se questione sobre seu lugar no sistema e alargue suas ambições internacionais. Essa imagem está distante da realidade russa. A melhor maneira de ver o país é como um Estado que recentemente foi ferido de maneira grave e ainda tenta parar de sangrar.

O declínio começou na década de 1980, ironicamente em um período em que alguns estudiosos ocidentais viam os Estados Unidos em situação de declínio relativo e a União das Repúblicas Socialistas Soviéticas (URSS) como um grande desafio à hegemonia americana.[7] Naqueles anos, o declínio soviético foi evidenciado pelo fraco desempenho econômico e pelo consequente aumento relativo de gastos de defesa, já que o país tentava manter o ritmo de gastos dos Estados Unidos. A liderança de Gorbatchev reconheceu a gravidade da crise que se abatia; no entanto, suas reformas, projetadas para reverter a erosão da economia soviética, falharam, causando o colapso da URSS.

Nos primeiros cinco anos após o colapso, a economia russa contraiu-se quase à metade de seu tamanho anterior.[8] Os problemas da transição econômica foram exacerbados pela ruptura das conexões comerciais com os países vizinhos, agora independentes. Com a elevação do desemprego e do subemprego, o rublo desvalorizou-se, destruindo as poupanças privadas. As redes de proteção social também sofreram, pois os gastos governamentais foram fortemente reduzidos. A economia chegou ao seu ponto mínimo em 1994-1995 e, então, começou a recuperar-se, mas sofreu novo abalo em 1997-1998 pelos efeitos colaterais da crise financeira asiática, o que levou a Rússia a não honrar suas obrigações financeiras internacionais. O país retomou um ritmo de crescimento econômico firme em 1998-1999,[9] refletindo em parte o efeito de substituição de importações do colapso do rublo, mas também, e ainda de modo mais importante, o início de uma alta substancial nos preços mundiais da energia. As reformas pró-mercado realizadas por Vladimir Putin a partir do ano 2000 ajudaram a sustentar o crescimento; mas, se for descontado o efeito do aumento dos preços da energia, a taxa de crescimento tem sido modesta.[10] De qualquer maneira, em 2004, após cinco anos de expansão econômica baseada na exportação de energia, a Rússia apresentava um produto interno bruto (PIB) ligeiramente superior ao dos Países Baixos e cerca de 1/3 do chinês.[11]

As dificuldades econômicas vieram acompanhadas de problemas políticos. Os primeiros anos após o colapso da URSS foram marcados por relações bastante instáveis entre Executivo e Legislativo, culminando no bombardeio ao Parlamento russo pelo próprio Exército, sob ordens do presidente Putin, em fins de 1993. A ordem pública e a aplicação da lei diminuíram substancialmente, à medida que oligarcas individuais buscaram tomar para si o que era propriedade estatal e os serviços de segurança (oficiais militares e a polícia) começaram a vender proteção aos empresários em disputa. A capacidade do Estado de obter renda para manter suas operações reduziu-se drasticamente, não apenas em virtude da contração econômica, mas também do resultado da evasão sistemática de impostos e da corrupção endêmica no sistema fiscal. As várias jurisdições da Federação Russa usurparam os poderes do Estado em uma "guerra de leis", culminando num emaranhado de legislações regionais e federais, e em barreiras internas ao comércio. Um membro da Federação (a Chechênia) buscou a separação, o que resultou em guerras civis debilitantes (1994-1996 e 1999-2005) que demonstraram amplamente a incapacidade de as Forças Armadas russas sequer manterem a soberania interna.[12] Como observou um analista russo em 2005: "As ações das forças russas [na Chechênia] refletem puramente a situação das Forças Armadas. Há uma forte necessidade de maior disciplina, pessoal mais qualificado, equipamentos em funcionamento, treinamento, tática e especialização. A Chechênia representa um exemplo evidente da necessidade de uma reforma militar de base".[13]

Em resumo, a experiência russa durante a década de 1990 foi menos de ascendência e mais de confusão, retração e declínio. Mas essa trajetória declinante não foi provocada apenas por questões internas. Em meados da década de 1980, a URSS era vista como uma das duas superpotências globais. Ao fim da década, o país perdera sua esfera de influência na Europa Oriental. Em 1991, com o colapso da URSS, a Rússia "retirou-se da Europa, passando a conviver com fronteiras que até então nunca haviam existido, e se viu cercada por países fracos".[14] No final dos anos 1990 e início do século XXI, a Otan e a UE expandiram-se pelo espaço da Europa Oriental que a URSS deixava vago, e então – com a entrada das repúblicas bálticas nessas instituições – adentraram o que havia sido território da URSS. Em 2002, apesar da afirmação da Rússia de que o antigo espaço soviético estava em seu *domaine reservé*, os Estados Unidos estabeleceram bases militares no interior do território da antiga URSS, no Usbequistão e no Quirguistão. Quando a opinião russa sobre as questões internacionais dos anos 1990 divergiram das americanas – como na questão da intervenção no Kosovo, em 1999, ou na cooperação com a França e a Alemanha durante a invasão do Iraque em 2003,[15] – os Estados Unidos agiram fora da estrutura da Organização das Nações Unidas (ONU). Em síntese, enquanto a China de hoje está saindo daquilo que ela considerava um período histórico de humilhações, a Rússia dos anos 1990 parecia estar entrando no seu.

A combinação de caos na política interna e declínio internacional durante os anos Yeltsin (1991-1999) produziu uma política externa em grande parte incoerente. As perspectivas dominantes sobre a ordem mundial iam desde o liberalismo de Gorbatchev, que caracterizou os primeiros dias do mandato de Andrei Kozyrev como ministro russo de Relações Exteriores (1990-1996), passando por um longo flerte com o "eurasianismo" e a multipolaridade nos anos Primakov (1996-1998), até um nacionalismo pragmático de potência regional. Nesse período, a Rússia tentou uma parceria com os Estados

Unidos e, ao mesmo tempo, buscou contrabalançar os Estados Unidos junto a China e Índia.

Em 1993, o presidente Yeltsin deu sinais na Polônia de que a Federação Russa não tinha objeção à ampliação da Otan, apenas para mudar de opinião no mês seguinte. A Federação Russa resistiu à campanha da Otan contra os sérvios bósnios em 1995, mas depois participou da operação de paz IFOR/SFOR – em inglês, *Implementation Force/Sustaining Force* – que se seguiu aos acordos de Dayton. A Rússia também resistiu à operação da Otan contra a Sérvia em Kosovo, em 1999, e depois ofereceu sua mediação para que o governo iugoslavo aceitasse as exigências da Otan. Ocupou militarmente o aeroporto de Pristina em desafio à Otan, mas em seguida concordou novamente em participar da operação de paz no Kosovo sob o comando da Otan. Por outro lado, a declaração russa segundo a qual o Islã militante era uma ameaça à ordem global foi acompanhada de assistência técnica substancial ao programa nuclear iraniano.

Havia pouca coordenação efetiva entre os ministérios e agências relevantes, que frequentemente seguiam políticas desencontradas em algumas questões externas. Um exemplo clássico é a posição russa sobre o envolvimento ocidental na prospecção de petróleo na bacia do Mar Cáspio. Em meados dos anos 1990, quando o projeto Chirag-Guneshli da International Operating Consortium do Azerbaijão veio à tona, o ministro das Relações Exteriores russo argumentou que ele era ilegal porque o direito de posse sobre os recursos do subsolo da área submarina do Cáspio ainda não havia sido resolvido. Enquanto isso, o ministro russo de Energia estava presente à cerimônia de abertura e congratulou o Azerbaijão pelo sucesso na implementação do projeto. A volatilidade do presidente Yeltsin e sua incapacidade crescente intensificaram a confusão.

A concomitante deterioração interna e o colapso internacional representavam uma crise moral na própria Federação Russa. O comunismo desapareceu à medida que os frutos de 70 anos de construção socialista evaporaram e o sistema socialista mundial implodiu. Para muitos russos, o compromisso do país com a construção do socialismo e o "processo revolucionário mundial" tornou-se cada vez mais raso conforme a revolução ficava mais distante. A inabilidade do sistema de corresponder às aspirações materiais da população soviética era cada vez mais evidente. O maior acesso ao Ocidente e aos ocidentais deixou claro que a URSS estava ficando para trás. O elitismo das lideranças era manifesto, como também era o crescente papel da criminalidade e da corrupção na vida econômica soviética. No entanto, várias pessoas continuaram acreditando na URSS como uma das duas superpotências do sistema internacional. Tal orgulho desapareceu definitivamente com a própria URSS.

Enquanto o sistema soviético havia sempre oferecido um padrão adequado de vida para a maioria dos cidadãos, a transição econômica pós-soviética, o colapso da moeda, o desemprego em massa e a desintegração da rede de proteção social puseram fim à segurança econômica da população. A consequente decepção e frustração eram evidenciadas pelas taxas declinantes de natalidade e expectativa de vida, particularmente entre os homens (ver tabela). No geral, a população russa diminuiu de 148,3 milhões em 1990 para 142,3 milhões em 2003.

Em suma, durante a década de 1990 a Rússia não emergiu na cena internacional. Ao contrário, o país passou por uma crise profunda em sua economia, política, sistema legal, sociedade, saúde, demografia, identidade e relações externas, carreando profunda desmoralização entre os cidadãos.

Juntando os pedaços: a dimensão doméstica da política externa russa

Quando Vladimir Putin assumiu a presidência em 1999, a agenda era razoavelmente clara: estabilizar e aprofundar seu próprio poder; regenerar a economia e estabilizar as contas públicas; consolidar o controle do Executivo sobre o Estado e restaurar sua capacidade de manter a ordem; restaurar o papel do Estado na economia e limitar a influência dos círculos oligárquicos que cresceram durante a administração Yeltsin; aprimorar o relacionamento entre Executivo e Legislativo; reafirmar o controle central sobre as autoridades regionais russas e, em particular, prevenir a perda de território ou a disseminação dos conflitos na Chechênia e no norte do Cáucaso. Como um proeminente comentador observou: "Vladimir Putin herdou um país fraco, corrupto e paralisado no limiar da desintegração... O objetivo estratégico de Putin era de colocar a Rússia de pé."[16]

Como o próprio Putin afirmou no início de seu primeiro mandato presidencial, a atividade russa nas relações exteriores deve "nos permitir concentrar o máximo possível de esforços e recursos na solução das tarefas sociais e econômicas do Estado".[17] Tal urgência na solução da fraqueza interna também aparece em larga medida na Doutrina de Segurança Nacional da Rússia adotada em 2000.[18] O foco na consolidação interna continuou durante o segundo mandato presidencial de Putin, com um observador notando que "o objetivo de seu segundo mandato tem sido remover todos os centros de poder menos o seu próprio".[19]

Tendências populacionais recentes entre os Brics

	Brasil		China		Índia		Rússia	
Anos	1990	2003	1990	2003	1990	2003	1990	2003
Taxa de crescimento populacional anual	1,8	1,2	1,5	0,7	2	1,5	**0,7**	**-0,6**
Taxa de natalidade bruta por 1.000	26,3	19,7	22,1	14,5	32	23,8	**16**	**8,6**
Expectativa de vida ao nascer	64,5	68,1	67,1	70,1	57,4	63,9	**69,5**	**66,8**
Expectativa de vida masculina ao nascer	61,2	64	65,8	68,9	57,5	63,2	**63,8**	**60,8**

Fonte: Estes dados foram retirados das tabelas comparativas da base de dados da UNFPA. Disponível em: <www.unfpa.org/profile/compare.cfm>. Acesso em: 11 ago. 2005

Nesse sentido, as prioridades contemporâneas da Rússia lembram não somente aquelas do grupo de potências emergentes, como também as de governos russos e soviéticos passados em tempos de fraqueza interna. A derrota na Guerra da Criméia nos anos 1850 ocasionou uma ênfase semelhante na reforma interna e na limitação da ação em política externa, enquanto as modificações internas necessárias eram feitas. A Nova Política Econômica após a Guerra Civil Russa (1918-1921) foi acompanhada pelo abandono temporário do radicalismo em política externa, e uma busca pela coexistência pacífica e relações políticas e econômicas mutuamente benéficas com as grandes potências. A política externa de Mikhail Gorbatchov, por exemplo, foi uma consequência lógica do esforço, por meio da *perestroika* e da *glasnost*, de resolver a crise da economia soviética.

A constituição de 1993 da Federação Russa enfatizou a preeminência do Executivo na formulação da política externa. Como discutido antes, a era Yeltsin testemunhou um conflito substancial no Executivo, e uma competição entre Executivo e Legislativo sobre a definição da política externa, contribuindo para a incoerência marcante nesse período. Já em 2002 Putin alcançou um grau sem precedente de autonomia em política externa, como resultado de seu sucesso nas urnas, sua crescente influência sobre a mídia russa, sua efetiva subordinação da legislatura,[20] e a aceitação geral da elite econômica russa sobre sua política.[21]

Em outras palavras, o ponto de partida da política externa russa contemporânea foi o reconhecimento razoavelmente sincero da própria fraqueza, tanto interna quanto em comparação com outras grandes potências, especialmente os Estados Unidos. Quanto a isso, o caso russo contrasta com a situação de ao menos duas outras "potências emergentes" (China e Índia), que combinam crescimento dinâmico com crescente participação em questões internacionais.

A atual concepção russa de ordem internacional

Durante grande parte do período Yeltsin, a Rússia tentou lidar com sua nova posição nas relações internacionais mediante concepções de equilíbrio de poder. Esta orientação também persistiu nos primeiros anos da presidência de Putin. As primeiras grandes afirmações doutrinais da administração Putin foram as de reconhecer as maiores possibilidades de cooperação interestatal na era pós-Guerra Fria e, ao mesmo tempo, demonstrar uma significativa preocupação com a distribuição de poder global. No ano 2000, o *Conceito de política externa da Federação Russa* identificou a tendência à unipolaridade e o unilateralismo norte-americano como significativas ameaças ao país e declarou que "a Rússia deve buscar um sistema multipolar das relações internacionais".[22] Esses sentimentos ecoaram no *Conceito de segurança nacional da Federação Russa*, adotado no mesmo ano, que definiu o alargamento oriental da Otan como ameaça.[23]

Ambos os documentos enfatizaram o papel das Nações Unidas – e particularmente do Conselho de Segurança – como a base de uma estrutura multilateral fundada em preceitos legais capazes de regular o exercício unilateral da potência preponderante e proteger a soberania estatal. Tal ênfase reflete o valor que a Rússia confere ao Conselho de Segurança, onde é membro permanente. Suas motivações são simbólicas, mas também resultam da capacidade russa de bloquear iniciativas das Nações Unidas que possam complicar a realização dos objetivos internos de seu governo. A este respeito, é notável a ausência de qualquer discussão substancial do Conselho de Segurança, a partir de 1999, sobre a segunda guerra na Chechênia.

A Rússia também tem enfatizado o *status* legal da Carta da ONU mediante uma interpretação bastante estreita das cláusulas relacionadas à soberania nacional. A Rússia tem consistentemente rejeitado qualquer diluição da autonomia estatal em questões de jurisdição interna. Como a China, portanto, a Rússia rejeita a noção de intervencionismo humanitário ou a limitação da soberania diante de padrões globais de proteção dos direitos humanos.

Tal interpretação estende-se também à atitude russa em relação a organizações regionais. Desde o fim da Guerra Fria, a Rússia havia visto a Organização para a Segurança e Cooperação na Europa (OSCE) como candidata principal à organização multilateral de segurança europeia. Em 2000/2001, porém, esse entusiasmo desvaneceu-se diante do engajamento intrusivo de missões da OSCE na Comunidade de Estados Independentes (CEI ou, em inglês, CIS). O princípio da não intervenção tem sido uma peça central da campanha russa pela reforma da organização desde aquela época. Em julho de 2004, por exemplo, a Rússia, em uma declaração conjunta com oito países da antiga União Soviética, criticou a OSCE por sua falha em respeitar "princípios fundamentais [...] como a não-intervenção em assuntos internos e o respeito à soberania das nações" – e por seus critérios de seleção e incongruências. A Rússia criticou fortemente as atividades de monitoria e avaliação eleitoral da Divisão da OSCE para Instituições Democráticas e Direitos Humanos com o argumento de que o órgão havia se politizado e que não prestava a devida atenção às "especificidades das nações individuais". As missões de campo da OSCE foram ridicularizadas com o argumento de que elas criticavam, injustificadamente, a política interna de seus anfitriões.[24] Ao discutir a declaração, o vice-ministro de Relações Exteriores russo, Vladimir Chizhov, observou que, se as tendências atuais de "degeneração" na OSCE continuarem, a Rússia e os demais Estados da CIS podem "perder todo seu interesse no órgão".[25]

Os ataques terroristas em Nova York e Washington, em setembro de 2001, provocaram uma significativa adaptação da abordagem russa com relação aos Estados Unidos. O discurso da multipolaridade e do equilíbrio de poder desapareceu, ao menos nos círculos oficiais, para ser substituído pelo reconhecimento do primado americano e a aceitação de que, por ora, não existem mecanismos de equilíbrio de poder plausíveis. Na ausência de tais opções, a solução óbvia era a de seguir a reboque dos Estados Unidos (*bandwagon*). Como colocou um importante analista de política externa russa: "Um lugar de relevo na orientação estratégica russa de reaproximação com o Ocidente deve ser dado ao estabelecimento da parceria mais próxima possível com os Estados Unidos, que são o principal país do mundo contemporâneo."[26]

A opção pelos Estados Unidos reflete não apenas o reconhecimento russo da preponderância norte-americana, mas também o reconhecimento de que a cooperação é necessária para lidar com os desafios internacionais e transnacionais mais importantes para a Federação Russa – terrorismo e proliferação de armas de destruição em massa –, assim como é desejável para resolver os persistentes problemas econômicos da Rússia.

A Rússia e a potência hegemônica

Quando compelida a tomar partido em grandes questões, a Rússia tem optado por apoiar os Estados Unidos. O exemplo óbvio é a resposta russa aos ataques do 11 de Setembro de 2001, quando o governo Putin quase instantaneamente declarou sua solidariedade aos Estados Unidos.[27] O fato de que isso não era mera retórica tornou-se claro nas semanas seguintes, quando as forças da inteligência russa cooperaram com os norte-americanos no fortalecimento da posição da Otan no Afeganistão. A Rússia também aceitou a criação de bases militares americanas no Usbequistão (Karshi-Khanabad) e no Quirquistão (Manas), em apoio às operações de combate no Afeganistão. A decisão não foi fácil. O governo Putin herdou uma política de forte resistência à penetração militar ocidental na região da antiga União Soviética,[28] e enfrentou significativa oposição interna a essa concessão. No entanto, era provável que os Estados Unidos mobilizassem sua força independentemente da posição russa, enquanto Moscou carecia de influência suficiente sobre os Estados da Ásia Central para persuadi-los a rejeitar os pedidos dos Estados Unidos. Então havia pouco a ganhar na tentativa de evitar a presença estadunidense. Além disso, o esforço para fazê-lo teria repercussões em Washington, com quem a Rússia tinha uma agenda muito mais ampla. Em contraste, a cooperação russa com a "guerra ao terror" trouxe algum potencial de ganho em outras questões, como a Chechênia, a integração russa à economia mundial e a manutenção de regimes internacionais de controle de armamentos.

Em alguma medida houve ganhos. Com respeito à Chechênia, a prioridade-chave era dissipar a crítica internacional à conduta russa e desviar a pressão internacional por uma resolução política do conflito. Desde 2001, o governo norte-americano não se manifestou sobre as operações militares russas na república separatista e sobre o tratamento da Rússia aos civis locais, aceitando a conexão explicitada por Putin entre o conflito checheno e a "guerra ao terror".

A integração russa à economia mundial tem sido há tempos vista como um importante objetivo de política externa.[29] O país busca maior acesso a mercados internacionais para seus exportadores, tratamento igual em questões de medidas antidumping[30] e um maior papel no gerenciamento das relações econômicas internacionais. Nessa área também houve uma significativa (e, da perspectiva russa, positiva) mudança nas relações russo-americanas após o 11 de Setembro de 2001. No início de 2002, os Estados Unidos concederam à Rússia o *status* de economia de mercado e começaram a dialogar sobre questões energéticas. Além disso, em maio de 2002, o presidente Bush afirmou que o acesso da Rússia à OMC era uma questão de interesse nacional para os Estados Unidos. No meio tempo, a Federação Russa completou seu acesso como membro pleno do G-8, em Kananaskis, em 2002, e Moscou foi vista como capital preferencial para sediar a cúpula do grupo em 2006.

Na área de controle de armamentos, no entanto, Putin rapidamente se viu frustrado, uma vez que em dezembro de 2001 os Estados Unidos retiraram-se do Tratado sobre Mísseis Antibalísticos (ABM, na sigla em inglês), um marco da política externa e de segurança soviética e russa por cerca de 30 anos. Esse movimento americano foi visto como uma degradação do poder nuclear russo. Como haveria poucos ganhos em montar uma oposição decidida a Washington, a liderança russa empenhou-se em evitar que esse desacordo pontual transbordasse para toda a relação.

Isto não significa dizer que a única face da política russa em questões de segurança seja a parceria com os Estados Unidos. A dicotomia entre uma política de equilíbrio de poder contra os Estados Unidos (*balancing*) e outra de adesão (*bandwagoning*) ignora outras opções intermediárias. Uma delas é a evasão. A Rússia foi decididamente contrária ao uso da força no Iraque em 2003. Fez o que podia para manter o processo decisório na esfera da ONU. No entanto, quando a decisão de invadir o Iraque foi tomada em fevereiro-março de 2003, a Rússia abriu mão de liderar o repúdio contra os Estados Unidos. Pôde fazer isso em parte porque outros membros do Conselho de Segurança estavam dispostos a carregar esse fardo. No fim das contas, a resistência foi levada adiante por Alemanha e França. Por trás da posição russa estava a ideia de que a divergência declarada aos Estados Unidos seria fútil e talvez acarretasse custos significativos.

Além disso, em questões regionais e internas o governo Putin parece ter estado disposto a pagar os custos do desacordo com Washington. Quando a posição dos Estados Unidos difere da visão russa sobre o que é necessário para resolver suas questões internas, Moscou a ignora. O caso Yukos oferece um bom exemplo. O governo russo utilizou os tribunais para ganhar controle sobre uma porção substancial da produção de energia russa que estava em mãos de Mikhail Khodorkovsky. Esse esforço provocou críticas generalizadas nos Estados Unidos e em outros países ocidentais a respeito da debilidade da lei na Rússia; os investidores e governos ocidentais, além disso, alertaram que o confisco arbitrário de bens privados restringiria o influxo de capital externo na Federação Russa. O governo russo decidiu aguentar as críticas e aceitar o risco porque estava comprometido com o fortalecimento do controle estatal sobre este setor-chave da economia russa, bem como em tornar claro aos oligarcas restantes o perigo que enfrentariam se não entendessem as mensagens do governo.[31]

Refletindo a prioridade atribuída pelos russos à sua vizinhança, a Federação Russa também tem resistido à política americana em relação a algumas das antigas repúblicas soviéticas. Em 2004/2005, a Rússia forçou a retirada da missão de monitoria de fronteira da OSCE na Geórgia, apesar do amplo consenso entre os membros da OSCE em favor de sua continuidade. O país continuou sua política de garantir a cidadania e os passaportes dos residentes das regiões separatistas da Geórgia, apesar da rejeição veemente daquele país a essa política (e da oposição dos Estados Unidos e da UE). E, finalmente, apesar de aceitar o estabelecimento das bases norte-americanas na Ásia Central, a Rússia tem aproveitado as oportunidades para reverter a intrusão. Em maio de 2005, após o massacre patrocinado pelo governo do Usbequistão a protestantes em Andijan, por exemplo, os russos exploraram a ambivalência da conduta norte-americana em relação à situação dos direitos humanos no Usbequistão para questionar a existência de bases americanas na região. Os porta-vozes russos apoiaram decididamente a rejeição do Usbequistão às acusações americanas de violação de direitos humanos, ao mesmo tempo que destacavam que, qualquer que fosse o caso, o que ocorreu em Andijan era problema do Usbequistão.[32] A Rússia continuou orquestrando uma campanha contra a presença militar dos Estados Unidos na Ásia Central. A questão da remoção das bases americanas foi levantada principalmente por organizações regionais multilaterais, como a Organização de Cooperação de Xangai,[33] e pelos países da região.[34] No fim das contas foi o Usbequistão quem demandou a retirada dos Estados Unidos de sua principal base na Ásia Central; e foram os especialistas locais que lideraram a campanha para reduzir a presença militar norte-americana na região.[35] Novamente, a metáfora da evasão parece apropriada para descrever o comportamento da Rússia.[36]

A venda de armamentos russos para a China e a transferência de tecnologias para o Irã também aumentaram os atritos com os Estados Unidos. Do ponto de vista do governo Bush, a primeira ação contribuiu para mudanças não desejadas no equilíbrio de poder do Leste asiático, enquanto a segunda minou o regime de não proliferação de armas nucleares com o qual Rússia e Estados Unidos continuam legalmente comprometidos. Ambas as iniciativas da Rússia têm motivações econômicas: elas trazem substantiva renda a setores deprimidos da economia russa e ajudam a financiar sua tradicional vantagem tecnológica comparativa.

Em outras palavras, quando as preferências russas colidem diretamente com o que os Estados Unidos percebem como interesses estratégicos vitais (expansão da Otan, a guerra no Iraque e as bases norte-americanas na Ásia Central), a Rússia aceita o que for necessário, em vez de se envolver numa resistência malfadada que poderia provocar uma significativa erosão no relacionamento com os Estados Unidos – relacionamento que, para ela, é central. Quando as preferências dos dois países divergem sobre questões vitais do ponto de vista russo (mas periféricas na perspectiva americana), a Rússia segue seu próprio caminho. No terreno intermediário (como no que se refere à China e ao Irã), o país testa seus próprios limites. Esse padrão de comportamento reflete uma avaliação cuidadosa da tolerância norte-americana, acima da qual há pouca flexibilidade e abaixo da qual há um espaço considerável para manobra.

A Rússia e o "polo europeu"

Putin evidentemente sente afinidade pela Europa e, em particular, pela Alemanha. Pode ser que isso seja produto de seu passado como oficial de inteligência na Alemanha Oriental. Pode ser que sua associação com São Petersburgo – cidade em que e sua carreira floresceu nos anos 1990 – também influencie sua visão. Putin deixou claro, logo no início de sua presidência, a visão segundo a qual a identidade russa não é completamente distinta da europeia (como diriam os euroasianistas). Ao contrário, em sua visão a Rússia faz parte da Europa. Como Alexey Pushkov coloca: "De acordo com o presidente, a parceria com a UE e os principais países europeus são o *sine qua non* de uma política externa bem-sucedida".[37]

A questão pendente é o que isso significa no contexto das relações transatlânticas (ou euro-atlânticas). Especificamente, onde essa Europa que a Rússia diz ser parte se coloca com respeito aos Estados Unidos? Aqui, os formuladores russos têm seguidamente destacado a necessidade de a Europa emergir como um polo de concentração de poder e influência *no interior* da comunidade Euro-Atlântica, não em oposição aos Estados Unidos. A ênfase, em outras palavras, é novamente na parceria com Washington e não no equilíbrio de forças.

Essa conclusão é produto de análises a respeito da ordem mundial já discutidas. Também reflete o desapontamento das expectativas russas anteriores com respeito à *Política Externa e de Segurança Comum* e à *Política Europeia de Segurança e Defesa* como prenúncio de uma identidade europeia efetiva e poderosa nos assuntos internacionais. O entusiasmo russo foi minado por vários fatores: a oposição no interior da própria UE a políticas comuns, a lentidão do processo burocrático e diplomático, e as dificuldades atuais enfrentadas pela UE nos referendos sobre a Constituição Europeia e no esforço de assegurar um acordo orçamentário. O interesse na Europa como parceira também foi afetado pelo fato de a Rússia considerar a construção de relações cooperativas com a UE e seus membros como abrangente de uma vasta gama de questões. Por exemplo, a Rússia passou por sérias dificuldades na negociação do acesso ao enclave de Kaliningrado e na política de vistos para cidadãos russos que cruzam a fronteira entre Kaliningrado e o resto da Rússia. A UE rejeitou as tentativas russas de condicionar a renovação de seu Acordo de Parceria e Cooperação a acesso a mercados para novos membros da UE.

Além disso, os russos descobriram que os Estados Unidos eram menos hostis que os europeus na questão da Chechênia. Vários países europeus, a UE e o Conselho da Europa recusaram-se em diferentes níveis a aceitar o vínculo russo do conflito checheno à guerra global contra o terror. A Rússia também teve problemas com a UE sobre as transições políticas de Geórgia (2003) e Ucrânia (2004). A Rússia viu esses eventos como ameaças a sua política de influência regional. Em contraste, a UE abraçou-os como oportunidades para fomentar a democracia na região que equivale à antiga União Soviética. Todas essas questões refletem uma dissonância fundamental entre a Rússia e a UE: a Rússia lida com interesses definidos pragmaticamente; a UE tem uma preocupação (incômoda, do ponto de vista russo) com valores liberais.[38]

Finalmente, a expansão da UE para incluir os Estados bálticos, Polônia, Eslováquia e Hungria (com a provável inclusão da Romênia na próxima rodada) traz a UE para muito mais perto da esfera regional de interesse estratégico russo. Apesar do destaque na cooperação com a Rússia, a *Iniciativa de Vizinhança Europeia* levanta a possibilidade de aumentar a tensão nas relações russas com a UE em questões envolvendo países próximos. Tal tensão já surgiu não apenas em respostas divergentes aos eventos políticos na Ucrânia e na Geórgia, mas nas respostas ao governo Lukashenko, em Bielo-Rússia.

Em resumo, mesmo se a Rússia buscasse a UE num esforço para construir um equilíbrio multipolar ao poder norte-americano – e não está claro que ela pretenda fazer isso –, a UE é um candidato problemático e improvável para esse papel.

As relações sino-russas

O outro centro de poder regional que atrai significativa atenção da Rússia é a China. Entre elas há potencial para o desenvolvimento de cooperação em questões de ordem internacional e regional, bem como em questões econômicas mais prosaicas. Os dois países compartilham insatisfação considerável com respeito à atual configuração de poder no sistema internacional e, em suas declarações conjuntas, expressaram uma preferência por uma ordem mundial multipolar.[39] Ambos se opõem à diluição da soberania e do princípio da não-intervenção.[40] Eles também se opõem conjuntamente à retirada dos

Estados Unidos do Tratado sobre Antimísseis Balísticos (ABM). Ambos desconfiam da intenção americana em prol da promoção da democracia. Nenhum deles apoiou o ataque ao Iraque.

Os dois países compartilham também uma preocupação substancial quanto à estabilidade da Ásia Central diante do islamismo radical que ambos percebem como uma séria ameaça estratégica. Tal preocupação traduziu-se em uma construção institucional regional conjunta (a Organização de Cooperação de Xangai) e no desenvolvimento da cooperação multilateral regional em questões referentes ao combate ao terrorismo. Os dois países também receiam que a influência norte-americana na Ásia Central se amplie, tanto em termos militares quanto em termos de promoção de mudanças políticas democráticas que ameacem governos autoritários.

Finalmente, eles possuem uma importante agenda econômica de cooperação. A Rússia vê a China como um grande consumidor de material militar; e a Rússia é um relevante exportador de energia, enquanto a China é um mercado energético em rápida expansão.

Contudo, as perspectivas de evolução do relacionamento sino-russo para algo semelhante a uma aliança são muito limitadas. Há limites claros à disposição russa de arriscar o relacionamento com os Estados Unidos por meio de maiores laços com a China. Várias pessoas na Rússia veem uma China dinâmica e em crescimento como uma séria ameaça ao controle russo sobre a Sibéria e a fronteira oriental, além de ser uma ameaça à posição estratégica do país no noroeste do Pacífico. Tal percepção cria certa ambivalência na política russa para a China: será a China um amigo a ser auxiliado e fortalecido, ou será uma ameaça a ser contida?

O mesmo vale para interesses econômicos. A China não é o único mercado energético em potencial do Leste asiático. O estudo de possíveis rotas para a exportação de petróleo russo para o Oriente tem sido dominado pela competição entre a China e o Japão. E os ganhos econômicos produzidos pelas vendas militares devem ser balanceados com os riscos políticos de acelerar o crescimento chinês como uma grande potência militar no Leste asiático. A Rússia também enfrenta a possibilidade de que sua influência na Ásia Central se desarticule com uma China ativamente engajada na região, tanto em termos econômicos quanto político-estratégicos.[41]

Conclusão

A Rússia não é uma potência emergente no sentido convencional do termo. Sua política externa é dominada pelo esforço em reverter o declínio dos anos 1980 e 1990, e em estabelecer a base interna para o retorno ao *status* real (em oposição ao simbólico) de uma grande potência. Isso envolve fomentar as relações internacionais no sentido de remover os obstáculos à recuperação de seu poder. Sua segunda maior prioridade em política externa é regional: restaurar a influência russa sobre os antigos territórios soviéticos – ou, ao menos, impedir a intromissão das potências estrangeiras nesse espaço, limitar o crescimento de sua influência, e controlar as tendências na região que possam produzir repercussões negativas dentro da Rússia.

No sistema internacional mais amplo, a política russa é pragmática. Consciente de sua própria fraqueza e vulnerabilidade, os líderes russos apóiam fortemente um entendimento tradicional da soberania e jurisdição doméstica, resistindo à diluição desses conceitos em termos de direitos humanos e governança. Eles também buscam manter ou restaurar a posição das Nações Unidas como principal instituição multilateral global de segurança, embora, por questões históricas, a Rússia desfrute de um nível de influência e *status* na organização que é desproporcional a suas atuais capacidades.

As relações da Rússia com a potência hegemônica são complexas e parecem estar baseadas em um entendimento realista da preponderância do poder norte-americano. A compreensão anterior de que seria necessário equilibrar o poder americano desapareceu da prática política russa e raramente se apresenta no discurso oficial. Isso não significa que os russos não preferissem um mundo multipolar. É claro que a Rússia está ligada profundamente ao modelo westphaliano de sistema pluralista baseado na igualdade soberana. No entanto, a política russa atual não investe pesadamente no que é desejável em longuíssimo prazo, mas sim no que é possível na atual configuração de poder mundial. A política também reflete numerosos problemas específicos nas relações com potenciais parceiros alternativos como Europa e China. Nesse contexto, os formuladores russos cooperam, ou ao menos evitam, maiores confrontações, com questões de interesse vital dos Estados Unidos. Buscam tirar vantagem dessa ligação.

A Rússia de fato compete com os Estados Unidos nas questões centrais prioritárias de cada país. Também tenta minar a interferência norte-americana em sua política interna, seja em questões econômicas, na consolidação neoautoritária do Estado russo ou na condução da guerra na Chechênia.

A política externa russa é, em resumo, um jogo de espera. Ela é desenhada para limitar maiores perdas e para sustentar ou promover as condições que – no longo prazo – permitam que a Rússia ressurja como uma grande potência em um sistema internacional pluralista.

Capítulo 3

Patriotismo peculiar ou cálculo estratégico? Explicando a estratégia de negociação da Índia em ascensão*

*Amrita Narlikar***

A Índia, após décadas de combate a baixos níveis de crescimento econômico e ao *status* de país de Terceiro Mundo, está finalmente em ascensão. Cada vez mais ela participa como convidada especial de clubes exclusivos como o G-8 (grupo dos oito países mais desenvolvidos) e é vista como membro especial de instituições como a Organização Mundial do Comércio (OMC). O país tornou-se destino de visitantes de alto nível do mundo desenvolvido; seus líderes são recebidos no exterior com cerimônia e pompa. Independentemente de como as negociações progridam, sua candidatura a um assento permanente no Conselho de Segurança das Nações Unidas não pode ser descartada. A Índia não apenas se

---

* Tradução de Ricardo Avelar.
** A autora agradece o apoio de Nuffield Foundation e a Andrew Hurrell e Desmond King por seus comentários detalhados a versões anteriores.

vê como uma grande potência emergente, mas também tem sido descrita por terceiros como um "Estado pivô"[1] e como um dos Brics.[2]

Seria razoável esperar que a Índia ascendente tivesse elaborado novas estratégias de política externa, buscando maior engajamento com seus parceiros econômicos e reduzindo a retórica terceiro-mundista típica do Movimento dos Países Não Alinhados (MNA). C. Raja Mohan, por exemplo, descreve a transformação da Índia de um porco-espinho em um tigre:

> Se uma única imagem capturava o estilo estratégico da Índia no passado era a de um porco-espinho – vegetariano, vagaroso e espinhento. A atitude defensiva do porco-espinho tornou-se a marca da abordagem internacional indiana... O engajamento da Índia no mundo desde os anos 1990 implica uma mudança fundamental de curso... Seja por meio de uma menor ênfase no não-alinhamento ou de uma nova aproximação aos Estados Unidos, ou ainda por meio de tentativas de repensar o regionalismo no subcontinente e seu entorno, o certo é que uma orientação radicalmente diferente de política externa emergiu na virada do milênio.[3]

O raciocínio por trás dos argumentos em favor de uma política externa reformada é simples e direto. Um país em ascensão como a Índia, cuja economia vem se conectando cada vez mais à economia mundial e cujo poder crescente é internacionalmente reconhecido, tem poucas razões para permanecer na defensiva. O coletivismo do Terceiro Mundo pode ter feito sentido quando a Índia estava no lado de fora, mas, agora que o país possui um lugar na maioria das mesas de negociação, o velho radicalismo é desnecessário. A Índia não tem razão –

conforme diz o argumento – para continuar com seu antigo papel de negociador duro, inflexível e ideológico.

Além disso, como a Índia devia ter aprendido com amargas experiências anteriores, uma reputação de inflexibilidade indiscriminada não necessariamente significa sucesso nas relações internacionais. Mesmo para uma potência hegemônica, a resistência obstinada traz custos.[4] Para um país em desenvolvimento – grande ou pequeno – os custos de se utilizar estratégias defensivas de negação (chamada também de "estratégia distributiva estrita") também são altos. Eles podem incluir impasses, ganhos não obtidos em virtude de negociações falhas e penalidades impostas por parceiros no presente ou em negociações subsequentes. Além desses custos, o negociador intransigente corre o risco de ser visto como uma fonte de problemas ou, pior, um pária sujeito a pressões internas e externas.[5] É curioso ver, no entanto, que os negociadores indianos têm mostrado considerável interesse em dizer "não" repetidamente.[6]

A persistência de uma estratégia defensiva e linha-dura de alto risco representa um desafio instigante por duas razões. Em primeiro lugar, dados o sucesso limitado e os custos que tal estratégia gera, seu uso continuado requer uma explicação. Em segundo lugar, tão interessante quanto sua aparente irracionalidade é sua aparente incongruência. Uma atitude dessa natureza era compreensível na euforia pós-colonial dos anos 1950 e 1960, quando um grande número de países em desenvolvimento buscava estratégias de autossuficiência e tentava assegurar sua independência por meio de conglomerações terceiro-mundistas, como o MNA. A persistência nessas ações e a concomitante relutância em participar de maneira proativa no mundo, porém, são difíceis de se ajustarem à nova Índia, mais liberal e autoconfiante.

A administração pública indiana assegura uma considerável divisão de autoridade. Em contraste com o Brasil, onde o Ministério das Relações Exteriores é responsável pela política externa e pelo comércio exterior, na Índia, o Ministério de Negócios Estrangeiros lida com política externa, enquanto o Ministério do Comércio e Indústria trata da política comercial e das negociações comerciais. Questões relacionadas à política nuclear são reservadas ao primeiro-ministro, ao Departamento de Energia Atômica e à Organização de Pesquisa e Desenvolvimento em Defesa (a influência do Ministério da Defesa nessa área crítica é limitada). Todas essas instituições diferem consideravelmente em termos de dinâmicas organizacionais, prestação de contas e supervisão.[7] No entanto, apesar dessas diferenças, todas as três tendem ao uso de estratégias defensivas em negociações internacionais.

O presente artigo explora algumas das complementaridades e contradições entre as estratégias mais defensivas e mais assertivas da Índia. Explica como os mesmos estrategistas que apresentam o país como um membro proativo de diversas organizações internacionais podem agir como seus membros mais intransigentes.

A Índia nas negociações de comércio internacional

Fase 1. A Índia utiliza estratégias defensivas de negação desde os primeiros dias do Acordo Geral sobre Tarifas e Comércio (Gatt), nos anos 1950. Apesar de ser um membro fundador do Gatt, o país liderou a crítica aos princípios de reciprocidade que formam a estrutura do tratado. Ao formular esse desafio, a Índia recorreu a um conceito de justiça baseado na igualdade de resultados em vez de na legitimidade do processo.[8] O conceito encontrou expressão na declaração eloquente de um delegado indiano no Gatt: "A igualdade de tratamento é válida apenas entre iguais. Um fraco não pode carregar o fardo de um gigante".[9]

Em termos práticos, isso se traduziu na recusa da Índia em aceitar reduções recíprocas de tarifas. Em vez disso, o país demandou isenções das obrigações do Gatt. Até certo ponto, tal estratégia fazia sentido, uma vez que o modelo hindu de desenvolvimento estava baseado na substituição de importações, buscando a autossuficiência. Assim, seus interesses proativos na liberalização do comércio mundial eram limitados. Com envolvimento mínimo no Gatt, a Índia pegou carona nas reduções tarifárias negociadas entre outros países e aproveitou a oportunidade para buscar a liderança do Terceiro Mundo na demanda por mais igualdade e justiça no sistema internacional. Esta imagem era coerente com aquela que a Índia mantinha no MNA, no foro de Unidade Afro-Asiática na Assembleia Geral da ONU, no G-77 (grupo de países em desenvolvimento) e na Comissão das Nações Unidas para o Comércio e Desenvolvimento (Unctad, na sigla em inglês).

Fase 2. Os incentivos para manter a mesma estratégia mudaram consideravelmente na década de 1980. Nessa época a agenda do Gatt estava em expansão. Os códigos da Rodada de Tóquio já haviam avançado para questões que antes diziam respeito exclusivamente aos Estados nacionais, e nos primeiros anos da década os Estados Unidos lançaram uma iniciativa para incluir diversas novas questões. Elas envolviam serviços, direitos de propriedade relacionados ao comércio (Trips) e medidas de investimento relacionadas ao comércio (Trims). A maioria dos países em desenvolvimento estava começando a perceber que a inclusão dessas questões marcaria um aumento da interferência do Gatt em suas políticas nacionais, reduzindo o espaço político para vincular normas internacionais de comércio a questões de desenvolvimento. Para ter alguma influência nesse processo de criação de regras, os países em desenvolvimento teriam de participar ativamente no processo de pré-negociação, bem como nas negociações em si. Ao menos alguns reconheceram que, em seu esforço para incorporar as novas matérias ao Gatt, os Estados Unidos, e depois outros países desenvolvidos, estariam dispostos a realizar concessões. Além desses acontecimentos no Gatt, o contexto externo da crise da dívida e o declínio da solidariedade terceiro-mundista sugeriam que a velha retórica e as coalizões defensivas não eram mais adequadas. Chegara o momento de negociar de maneira proativa.

No entanto, a Índia continuou em grande medida com sua antiga estratégia de não negociar com o mundo desenvolvido e de demandar concessões sem reciprocidade. Liderou uma coalizão de países em desenvolvimento, o G-10, que se opôs firmemente à nova rodada do Gatt e buscou bloquear a inclusão de serviços no texto do tratado.[10] O impasse apenas foi resolvido depois de muitas negociações e pressões. A coalizão erodiu e a Índia se viu sozinha. Os serviços foram incluídos na Rodada Uruguai e na estrutura de normas que criou a OMC.

Fase 3. Se a adesão da Índia às posições antigas e inflexíveis do terceiro-mundismo nos anos 1980 parece ligeiramente ultrapassada e contraproducente, seu comportamento em negociações nas décadas de 1990 e 2000 tornou-se ainda mais anacrônico. Nos anos 1990, tendo aprendido com sua experiência em coalizões da Rodada Uruguai, bem como com as falhas dos velhos modelos desenvolvimentistas de crescimento, a maioria dos países em desenvolvimento deu ao menos mostras de compromisso com a liberalização econômica. Mas mesmo isso não impediu a Índia de adotar uma estratégia intransigente em negociações multilaterais de comércio em apoio a suas posições altamente defensivas. Nesse sentido, o governo indiano teve apoio da opinião pública interna, que não deixou de desconfiar do sistema multilateral de comércio após a criação da OMC.

Em 1996, na OMC, a Índia liderou a criação de uma nova coalizão de países em desenvolvimento para lidar com questões de implementação do regime internacional de comércio, em particular com os custos imprevistos de implementação das novas normas e com as promessas não cumpridas pelos países desenvolvidos.[11] Na preparação para a Conferência Ministerial de Seattle, em 1999, e depois na Conferência Ministerial de Doha, em 2001, a coalizão insistiu de maneira veemente que não poderia haver novas negociações até que as matérias de implementação tivessem sido tratadas. Defrontados por essas reivindicações, os países desenvolvidos começaram a oferecer vários acordos bilaterais aos membros da coalizão. No dia final da Conferência Ministerial de Doha, a coalizão havia ruído. A Índia se viu sozinha uma vez mais na vanguarda da resistência, tendo rejeitado as oportunidades oferecidas pelos países desenvolvidos. A Agenda de Desenvolvimento de Doha foi então lançada.[12]

A Conferência Ministerial de Cancún testemunhou o aparecimento de outra coalizão terceiro-mundista: o G-20, liderado por Brasil e Índia.[13] Aqui também vimos a utilização da familiar estratégia descrita. A coalizão surgiu como resposta direta ao texto de Estados Unidos-União Europeia sobre agricultura e ameaçou bloquear as negociações, a menos que os problemas dos países em desenvolvimento fossem tratados de forma explícita. Diferentemente de muitas outras coalizões de países em desenvolvimento, dessa vez os membros do G-20 recusaram-se a aceitar arranjos laterais e a Índia não ficou isolada no final. No entanto, um impasse nas negociações não era benéfico para ninguém, menos ainda para os países em desenvolvimento, e por isso não pode ser visto como uma vitória.[14] A Índia juntamente com o Brasil e alguns outros membros do G-20 causaram a indignação dos Estados Unidos e da UE, com o representante comercial norte-americano, Robert Zoellick, culpando os *"can't do countries"* (países que dizem "não").[15]

Armas nucleares e não proliferação

A Índia também utilizou uma estratégia intransigente de negociação na área de não proliferação nuclear. Até pouco tempo ela revestia sua opção pela aquisição de armas atômicas sob uma retórica moralista e enraizada em noções de justiça internacional.

Desde os primeiros anos de sua independência da Inglaterra, especialmente sob a liderança de Jawaharlal Nehru (1947-1964), a Índia adotou uma posição proativa nas instituições internacionais para condenar as malevolências da corrida nuclear. Nehru defendeu uma missão para a Índia – "despertar a consciência do mundo para os efeitos malignos da explosão nuclear" – e em seguida fez o pedido: "Em nome do meu governo, e, acho que posso dizer com alguma segurança, em nome dos futuros governos da Índia, não importa o que acontecer, quaisquer que sejam as circunstâncias, não devemos nunca utilizar a energia atômica com propósitos maléficos".[16] No entanto, Nehru estava igualmente convencido da importância da energia atômica para a Índia no desenvolvimento de sua base energética e industrial. Também é importante ter em mente que a capacidade científica da Índia pós-colonial era vista como uma medida da autonomia do país e objeto de considerável orgulho nacional.[17] Nessas circunstâncias, estabeleceu-se um programa nuclear indiano subordinado ao primeiro-ministro e com limitado controle parlamentar. Apesar da oposição pública de Nehru às armas nucleares, a Índia adquiriu a capacidade para produzir um artefato nuclear.[18]

Apesar de sua veemente oposição às armas nucleares, a Índia entrou no palco dizendo "não" ao incipiente regime de não proliferação. Opôs-se ao Plano Baruch, que propunha o estabelecimento de uma Agência Internacional de Desenvolvimento Atômico para gerenciar todos os minerais atômicos e as usinas nucleares. Em 1954, Nehru propôs ao secretário-geral da ONU um acordo para congelar testes nucleares.[19] A ideia por trás desta e de outras propostas que se seguiram era o Tratado de Completo Banimento de Testes Nucleares (CTBT). A Índia foi o primeiro país a propor tal tratado e, em seguida, desenvolveu a ideia em diversos fóruns internacionais além da ONU, como na Conferência de Bandung, em 1955.

É curioso observar que, apesar de suas propostas de desarmamento universal e um amplo banimento de testes nucleares, a Índia assinou o Tratado de Banimento Parcial de Testes (PTBT, na sigla em inglês) em 1963, que permitia testes subterrâneos. Assim, os países portadores de armamentos nucleares poderiam continuar desenvolvendo armas nucleares por meio de tecnologias subterrâneas, enquanto a maioria dos países não portadores de armas nucleares carecia de tecnologia para fazê-lo. Nehru foi criticado por apoiar o tratado, mas justificou sua ação nos seguintes termos: "Um acordo parcial não revoga um acordo amplo; é um passo nessa direção; ele produz uma atmosfera de confiança para seguir em frente".[20] Tendo assinado o PTBT, a Índia continuou a pressionar por um banimento completo de testes, por meio da extensão do PTBT e de um acordo banindo testes subterrâneos.

Ao assinar o PTBT, a Índia abandonou parcialmente sua estratégia intransigente tradicional. Os resultados disso foram parcos: viu a China, que não assinara o PTBT, realizar um teste nuclear em Lop Nor em 1964 e dar assistência nuclear ao Paquistão, seu rival. Além disso, a Índia não obteve quaisquer garantias de segurança das grandes potências. Tudo isso pode ter contribuído para endurecer a postura indiana em anos seguintes.

A Índia era um membro do Comitê das Dezoito Nações para o Desarmamento e atuou de maneira construtiva na elaboração do Tratado de Não Proliferação (TNP). Sumit Ganguly observa que a contribuição da Índia foi crucial para a inclusão de dois princípios no tratado: a disponibilização da energia nuclear pacífica a países não nucleares, e a concepção da não proliferação não como um fim em si mesmo, mas um passo na direção do desarmamento nuclear universal.[21] Entretanto, a Índia não assinou o TNP em 1968, argumentando que o tratado discriminava os países que não possuíam armamentos nucleares.[22]

A Índia realizou sua primeira "explosão nuclear pacífica" em Pokhran, em 1974. A condenação internacional ocorreu com severas penas que incluíram um freio às transferências de tecnologia militar, bem como à ajuda financeira.[23] A Índia recuou nos testes ao longo dos anos 1970, ainda que nunca tenha abandonado a retórica moral, justificando sua explosão "pacífica" e clamando ao desarmamento universal. Em 1984, Rajiv Gandhi propôs um plano de ação para o desarmamento global em um pronunciamento à Assembleia Geral da ONU. As referências familiares ao *apartheid nuclear* foram frequentes em debates públicos sobre o CTBT bem como sobre a extensão do TNP na década de 1990. Cento e setenta países assinaram a extensão do TNP em 1995, mas a Índia não estava entre eles. Apesar de seu quase isolamento no encerramento da Conferência de Desarmamento, em 1996, a Índia recusou-se a assinar o CTBT que ela mesma havia proposto e apoiado vários anos antes.

Até os testes nucleares de 1998, a Índia caminhou sobre a corda bamba ao não assinar o TNP, mas, simultaneamente, conseguiu aderir à norma de não proliferação com seu comprometimento com o desarmamento universal. Pokhran II destruiu o escudo dessa ambiguidade. Ao menos alguns analistas atribuem a contingência dos testes de 1998 às pressões sobre a Índia para assinar a extensão do TNP, e em seguida o CTBT, dessa forma aumentando bastante os custos da ambiguidade.[24] Enquanto várias outras explicações foram dadas para justificar os testes e o momento,[25] a reação da comunidade internacional foi de grande surpresa e condenação. Repreensões e sanções foram impostas por países individuais, incluindo Estados Unidos, Austrália, Canadá e Japão, bem como por grupos institucionalizados como o G-8, a UE e os cinco membros permanentes do Conselho de Segurança da ONU (China, Estados Unidos, França, Grã-Bretanha e Rússia). Os testes também levaram o Paquistão a retaliar com sua própria série de testes. Algumas pessoas argumentaram que os testes nucleares indianos, ao invés de estabelecer a supremacia indiana, trouxeram paridade entre o Paquistão e a Índia (o que o Paquistão nunca poderia ter alcançado por meio de forças convencionais), e provocaram a China. O *status* da Índia como país nuclear não estava legitimado; de fato, longe de ganhar um convite para um assento permanente do Conselho de Segurança, a Índia quase foi rotulada um Estado pária. Portanto, ao menos em seu resultado imediato, os testes pareceram trazer poucos ganhos e consideráveis custos ao país. Ainda assim, a Índia demonstrava-se desafiante. A Resolução nº 1.172 do Conselho de Segurança condenou os testes nucleares indianos e paquistaneses e conclamou os países a assinar o TNP e o CTBT "sem atraso e sem condições".[26] Até o presente, nenhum dos dois o fez.

Explicando a negação

Já que a prontidão da Índia em dizer "não" gerou custos significativos e poucos benefícios tangíveis, sua recorrência requer explicação. Sua persistência é especialmente interessante hoje: a globalização fez bem à Índia, e, com sua economia em crescimento acelerado e sua influência política aumentando, há poucas razões para ser defensiva como nos anos 1960 e 1970. Para explicar esse desafio, examino quatro hipóteses. Concluo que as duas primeiras são inadequadas, e dou grande valor explicativo às duas últimas.

Hipótese 1: natureza e composição das burocracias indianas

Quando os países agem de maneira "irracional", uma explicação possível encontra-se na cultura organizacional de suas burocracias decisórias. Stephen Cohen dá primazia a tal explicação, e descreve o Ministério dos Negócios Estrangeiros indiano como "inerentemente conservador", "Déli-cêntrico em geral",[27] e "ainda conhecida como uma das burocracias mais habilidosas do mundo em "chegar ao não".[28] No entanto, é curioso que uma explicação semelhante seja aplicada à posição inflexível da Índia em questões comerciais, sendo que essas negociações são levadas adiante pelo Ministério do Comércio e da Indústria (MCI). Por exemplo, Julius Sen fala sobre "um sentido de exclusividade no MCI que se traduz em um certo desdém por qualquer necessidade de consultar fontes externas".[29]

De modo semelhante, a tomada de decisões sobre questões nucleares tem sido empreendida em segredo e isolamento. Deepa Ollapally, citando o trabalho de Raj Chengappa, aponta que apenas três indivíduos além do primeiro-ministro, Atal Bihari Vajpayee, sabiam a data exata dos testes de 1998.[30] Consideradas em conjunto, essas análises sugerem que a maioria das instituições burocráticas na Índia, apesar das diferenças em seu recrutamento, treinamento e supervisão, acaba com o mesmo comportamento padrão de recorrer ao "não". Isso faz com que a explicação da política burocrática seja interessante, mas incompleta; precisamos explicar por que essas burocracias acabam defendendo posições de negociação tão semelhantes.

Hipótese 2: economia política doméstica

Poderia se argumentar que, ao menos em algumas questões de política externa, os vários grupos de interesse indiano determinam o estilo negociador do país. Poderíamos esperar que essa lógica funcionasse com mais força no caso do comércio exterior. Além disso, apesar de estudiosos como Robert Dahl terem notado que as populações raramente discordam dos governos quanto a questões de política externa,[31] é possível argumentar o contrário no caso da Índia: a população é particularmente sensível a questões como as relações indo-paquistanesas, a Caxemira, a China, e as armas nucleares. Um exame mais próximo, no entanto, revela que, apesar de o público ter opiniões fortes em certas áreas de política externa, as conexões institucionais entre essas opiniões e a estratégia de negociação não são óbvias.

Na área de negociações comerciais, as contribuições internas são bem limitadas. No passado, os negociadores indianos em questões comerciais gozavam de considerável autonomia.[32] Em várias entrevistas recentes, bem como em seus trabalhos, os oficiais e negociadores apontam que isso vem mudando.[33] Hoje, há maior integração entre os negociadores lotados no exterior e aqueles que residem na capital. Também há mais consultas entre ministérios e outras partes interessadas. Empresários em áreas como tecnologia da informação são cada vez mais proativos – e eficazes – em seus *lobbies*. No entanto, particularmente quando comparadas a grupos de interesses dos países desenvolvidos, as evidências de *lobby* efetivo em negociações comerciais são limitadas. Após mais de uma década do lançamento do programa de liberalização econômica da Índia, o Ministério do Comércio continua a fixar a agenda, decidir quem consultar e determinar a frequência de tais consultas. Devemos notar que o país possui pouca oposição doméstica à estratégia oficial na OMC; também não há interesses proativos que reclamem de qualquer forma de exclusão dos processos de formulação ou negociação.[34] Aqueles que o ministério consulta demonstram um desejo de serem "educados" por funcionários graduados em matérias de política comercial e negociações.[35]

Outras áreas de política externa são talvez ainda mais afastadas das pressões populares. Isso se deve em parte à natureza do estabelecimento da política externa, que desde o tempo de Nehru desfrutou de considerável autonomia de outros ministérios e do Parlamento, e especialmente quando o próprio Nehru assumiu como primeiro-ministro. Stephen Cohen argumenta que o papel do Parlamento foi ainda mais enfraquecido na era de Indira Gandhi e Rajiv Gandhi. Algumas reformas foram instituídas no governo de P. V. Narasimha

Rao, na década de 1990, por meio de comitês, que incluíam membros tanto governamentais quanto da oposição.[36] Mas a cultura do Ministério de Negócios Estrangeiros retém suas características burocráticas originais, e outros ministérios seguidamente reclamam de seu isolamento. A opinião popular em um país democrático com imprensa livre é forte e veemente em ao menos algumas matérias de política externa, especialmente quando relacionadas a políticas de segurança ou nucleares. Mas questões de segurança são por sua própria natureza mantidas em segredo, à medida que avançam os processos decisórios do governo. A opinião popular inúmeras vezes apoia a estratégia de negociação do governo no exterior, mas isso raramente se deve à influência de interesses internos no processo decisório.

Hipótese 3: imperativos de segurança regional

Pode-se argumentar que a estratégia intransigente indiana está enraizada em suas experiências com sua vizinhança hostil, onde o equilíbrio de poder levaria a Índia a ver suas relações com o resto do mundo pelas lentes de suas relações de segurança com o Paquistão e a China. Nesta base, poderia esperar-se que a Índia adotasse posições conservadoras, anti-intervencionistas e terceiro-mundistas nas negociações internacionais, ao contrário da expectativa de maior conformidade e homogeneização política com o consenso liberal nos anos 1990.[37]

Há certamente alguma verdade no fato de que as relações da Índia com o Ocidente, particularmente com os Estados Unidos, foram marcadas por seu conflito com o Paquistão. Stephen Cohen observa que enquanto a Índia tinha "dificuldades práticas e conceituais" com a abordagem estadunidense da Guerra Fria, sua objeção mais persistente à política norte-americana derivava do relacionamento militar dos Estados Unidos com o Paquistão. Tal relação "parecia estabelecer uma equivalência estratégica e moral entre a Índia e o Paquistão (ao menos aos olhos dos Estados Unidos) que não era justificada pelas capacidades objetivas militares, econômicas e estratégicas dos dois países, ou pela estatura da Índia como país livre com um aspecto liberal".[38] As vendas de armas ao Paquistão pelos Estados Unidos aumentaram consideravelmente a capacidade militar do arquirrival indiano na região. E, enquanto os Estados Unidos também assistiram a Índia em diferentes momentos, a Índia percebia os Estados Unidos como uma fonte não confiável de apoio. O entendimento entre os Estados Unidos e a China era visto como outra traição, especialmente quando estabelecido em conjunto à assistência militar chinesa ao Paquistão. As esporádicas tentativas norte-americanas de mediar a questão da Caxemira foram vistas como um ataque à soberania indiana e desagradaram ainda mais. Cohen vai além ao argumentar que "a visão de Nova Déli sobre a Guerra Fria – e a década que se seguiu – era a de que os Estados Unidos inclinavam-se a evitar que a Índia 'emergisse' como um Estado regional dominante e como um fator político e estratégico ao nível global".[39] Com exceção da antiga União Soviética, as outras grandes potências estavam similarmente implicadas no ponto de vista indiano. Por exemplo, o Reino Unido falhou em prover a Índia com uma garantia de segurança, e dessa forma forçou sua opção nuclear. A Índia agiu reciprocamente com sua atitude negativa nos regimes internacionais.

A ligação entre as inseguranças regionais da Índia e suas relações internacionais nos oferece uma ideia importante sobre o porquê de o país desconfiar do Ocidente e seus aliados.

Mas a explicação é insuficiente por duas razões. Em primeiro lugar, a Índia (particularmente quando comparada a outras potências médias como o Brasil) sempre teve ambições globais e não regionais. O país empreendeu considerável esforço na participação ativa em organizações internacionais e se apresentou como o líder dos países em desenvolvimento por meio de iniciativas como o MNA e o G-77; seu empenho foi menos intenso em áreas de cooperação regional ou integração regional. A ligação entre o regional e o internacional pode ter amargado as relações da Índia com o Ocidente, mas é improvável que tenha sido a causa primária da estratégia de negociação da Índia nos regimes internacionais. Em segundo lugar, o primado dessa explicação torna-se suspeito sob o foco de análises factuais preliminares. Mesmo que desconsiderássemos as estratégias de segurança regional da Índia, é duvidoso que a Índia fosse um parceiro negociador mais flexível. Isto porque o comportamento negociador da Índia tem fontes mais profundas nas estruturas e valores de seu povo.

Hipótese 4: ideias e cultura política

O desejo da Índia de assumir os custos da instransigência é talvez mais bem-compreendido na declaração de um dos entrevistados: "É mais fácil para nosso ministro voltar para casa sem nada como um herói ferido, do que voltar com algo após ter sido obrigado a aceitar um compromisso."[40] Outros entrevistados falaram sobre "valores fortemente coloniais", que mantêm ideais populares indianos estreitamente vinculados às ideias de Nehru de autossuficiência e anti-imperialismo.[41] Tal atitude prevalece em diferentes áreas e regimes internacionais. Não é surpreendente que os governos indianos de partidos radicalmente divergentes tenham adotado posições muito semelhantes de resistência no exterior, seja em negociações na OMC ou sobre não proliferação nuclear.

Essa posição de resistência deriva parcialmente da experiência colonial indiana, bem como dos acordos infelizes com o Ocidente, como mostrado anteriormente. Mas também é em grande parte produto da autopercepção indiana sobre o lugar do país no mundo. Stephen Cohen aponta que "os oficiais indianos acreditam que eles representam não apenas o Estado, mas a civilização. Acreditando que a Índia deveria ser respeitada em virtude de suas qualidades civilizacionais intrínsecas, vários diplomatas e estrategistas indianos estão cientes da dependência de países que não apreciam as características especiais e únicas da Índia".[42] Tal visão certamente despontou em nossas entrevistas.

Baseando-se nas hipóteses 3 e 4 é possível explicar o uso aparentemente irracional e contraprodutivo da estratégia intransigente. Do ponto de vista do negociador indiano, o uso de uma estratégia integrativa ou mista em negociações internacionais envolveria ao menos algumas concessões em troca de alguns ganhos. As concessões, no entanto, são passíveis de provocar altos custos internos, dada a cultura política doméstica demonstrada na hipótese 4. Se os ganhos esperados na estratégia integrativa fossem grandes e prováveis é possível que o governo negociante pudesse diminuir os custos da desaprovação interna às concessões. No entanto, com base em sua experiência de regimes internacionais e grandes potências do passado – particularmente quando vistas pelas lentes regionais, como na hipótese 3 –, a Índia tem poucas razões para crer que os ganhos de uma estratégia integrativa sejam certos ou altos. A posição defensiva de negação é uma opção mais segura. Especialmente no contexto das instituições internacionais cujas regras são vinculantes e cujas estruturas decisórias são vistas pelo negociador como privilégios dos países desenvolvidos. Tais privilégios podem ser ostensivos e institucionalizados, como o veto dos membros permanentes do Conselho de Segurança, ou podem ser informais, na forma de reuniões laterais e diplomacia baseada em consenso na OMC. Diante de tais condições e constrangimentos, torna-se compreensível e racional que a Índia frequentemente recorra à estratégia intransigente. Isso significa, então, que a Índia está destinada a ser o desmancha-prazeres em todas as reuniões multilaterais, sujeita indefinidamente ao isolamento e a perdas nos resultados finais?

A Índia que está aprendendo a dizer "sim"?

Consideradas as profundas – e racionais – raízes de sua estratégia, quão válidas são as declarações de analistas como Raja Mohan, que vêem mudanças radicais no estilo e substância da política externa da Índia?

É certamente verdade que algo mudou no estilo negociador indiano. Por exemplo, a Índia justificou sua recusa em assinar o CTBT em 1996 não apelando aos argumentos comuns de *apartheid* nuclear, mas se referindo a "considerações de segurança nacional". Ainda que o país tenha se recusado a assinar o TNP ou o CTBT após 1998, ele enviou um importante sinal à comunidade internacional ao comprometer-se a "não utilizar um artefato nuclear primeiro". Em lugar de recorrer ao desafio de praxe, a Índia tomou iniciativas diplomáticas em diferentes níveis (incluindo a comunidade indiana nos Estados Unidos) para convencer o Ocidente de que seria uma potência nuclear responsável.[43] A Índia apoiou os Estados Unidos na guerra contra o terrorismo e, em junho de 2005, assinou um importante acordo-marco com esse país.[44]

Mais recentemente, ao contrário de todas as expectativas, a Índia votou em favor da resolução na Agência Internacional de Energia Atômica (AIEA) que poderia levar o programa nuclear iraniano a ser objeto do Conselho de Segurança da ONU. O voto foi surpreendente, não apenas no que concerne à diplomacia terceiro-mundista indiana, mas também por causa de sua confiança nos suprimentos de energia iranianos. Também houve melhoras nas relações da Índia com a UE, com quem assinou acordos em várias áreas, incluindo cooperação alfandegária, comércio e investimento. A Índia parece estar aliviando sua intransigente retórica terceiro-mundista na OMC. Estas, poder-se-ia argumentar, não são as táticas de uma potência renegada, contra-hegemônica e revisionista. Uma análise mais próxima, no entanto, sugere que pode ser prematuro atribuir à Índia um reordenamento fundamental de sua estratégia negociadora. Ofereço duas razões para explicar por que este pode ser o caso.

Em primeiro lugar, a opinião pública considerou positivos ao menos alguns desses movimentos de aproximação aos Estados Unidos e o "bom comportamento" no exterior com desconfiança e, em alguns casos, com certa indignação. Os debates rancorosos no Parlamento a respeito do acordo-marco indo-americano, e a oposição interna ao voto da Índia contra o Irã na AIEA, fornecem ilustrações importantes dessas reservas. Observem-se alguns dos pronunciamentos da Índia sobre a questão do assento permanente no Conselho de Segurança. Por exemplo, a Índia opôs-se à criação de uma nova categoria de assento permanente sem veto, afirmando que não iria tolerar tal discriminação no órgão reformado.

Em segundo lugar, mesmo procurando aprimorar suas relações com os países desenvolvidos, a Índia não abandonou seus aliados do mundo em desenvolvimento. Seu engajamento com os países em desenvolvimento tornou-se ainda mais institucionalizado em novos fóruns. Por exemplo, em 2003 a Índia foi um membro líder da coalizão do G-20, grupo que emergiu da Conferência Ministerial de Cancún. Tal liderança continuou fora da OMC, como na iniciativa do Ibas, fórum de diálogo que uniu Índia, Brasil e África do Sul. Suas relações com a China também têm melhorado, particularmente desde a visita presidencial a Pequim em 2000. A Índia assinou em 2004 um acordo comercial regional com o Mercosul, que se tornou operacional em 2005, e ingressou em uma variedade de outros acordos comerciais bilaterais com países do Sul e Sudeste asiático. O país tentou até mesmo justificar seu voto contra o Irã na AIEA dizendo que, como resultado, lograra persuadir os europeus a não levar o caso ao Conselho de Segurança e buscar uma solução diplomática. Da mesma forma que seria prematuro ver as relações da Índia com o Norte como uma reestruturação radical de sua política externa, seria igualmente precipitado ver suas novas alianças com o Sul como parte de um esforço concertado para construir uma ordem contra-hegemônica. Ambas representam táticas melhoradas – baseadas em lições aprendidas com a experiência – que poderiam ajudar a Índia a alcançar o que lutou por conseguir durante o último meio século: seu lugar de direito no mundo.

Este capítulo concentrou-se principalmente em examinar a racionalidade por trás das estratégias de negociação indianas e estaria incompleto sem ao menos uma breve explicação dessas estratégias. A avaliação aqui varia conforme as diferentes áreas: no comércio, os benefícios têm sido poucos até agora; mas na política nuclear eles têm sido muito maiores. Aqui está outra razão pela qual a Índia possui pouco incentivo para mudar sua estratégia de negociação, ao menos em algumas áreas.

No campo do comércio, a retórica terceiro-mundista da Índia ameaça bloquear qualquer processo, e seu isolamento no resultado final até agora gerou alguns custos materiais significativos. Suas táticas de negociação não têm sido bem-sucedidas e, ao recusar as várias propostas laterais que recebeu, a Índia também desperdiçou ganhos potenciais. No entanto, contra esses custos podem ser colocados dois sucessos menos quantificáveis, mas potencialmente importantes. Primeiro, as posições linha-dura da Índia no Gatt e na OMC contribuíram em larga medida para sua posição de líder do mundo em desenvolvimento. A ideia de que "a Índia é a voz dos sem voz na OMC" refletiu-se nos países nas entrevistas para este ensaio.[45] Tal percepção pode ser vista como uma importante recompensa para uma Índia que escolheu o Movimento dos Países Não Alinhados e o coletivismo do Terceiro Mundo como seu caminho para obter maior poder no mundo. Segundo, a utilização dessa estratégia não pode ser entendida sem uma visão das coalizões em que a Índia está envolvida. No passado, a incansável aderência indiana a suas posições na OMC frequentemente levava a seu isolamento, já que seus aliados eram comprados (ou ameaçados) pelo mundo desenvolvido. No entanto, se a coalizão não entrar em colapso, os custos da falta de acordo são altos para todas as partes e, quando os países desenvolvidos acreditam que uma ameaça indiana de bloquear as negociações é realmente possível, a possibilidade de sucesso de uma estratégia intransigente aumenta.[46] Tendo demonstrado tal credibilidade por meio do G-20 e de Cancún, a Índia pode ganhar mais de sua estratégia do que nunca, especialmente se ela incorporar alguns movimentos integrativos.

Na área de política nuclear, os custos da estratégia têm sido menores do que alguns indianos anteciparam. A condenação e as penas imediatas (como a suspensão da transferência de tecnologia nuclear) que se seguiram aos testes nucleares indianos de 1974 e 1998 não se mostraram duradouras. Após algumas manobras diplomáticas cuidadosas, dirigidas pelo chanceler indiano Jaswant Singh, após Pokhran II, a Índia finalmente logrou receber a primeira visita presidencial dos Estados Unidos ao país em 22 anos, com Bill Clinton em 2000. O recente acordo assinado entre o primeiro-ministro Manmohan Singh e o presidente George W. Bush, ao mesmo tempo que não reconheceu a Índia como um país nuclearizado, vai longe o bastante para melhorar a "relação de defesa" entre os dois países para uma "parceria estratégica".[47] Ao dizer "não" na hora certa em vários acordos – utilizando sua combinação única de retórica moral e invocação do imperativo de segurança nacional –, a Índia parece ter adquirido com sucesso um arsenal nuclear e o reconhecimento como um país nuclearizado de fato, escapando da categorização de Estado pária. Também estabeleceu níveis inéditos de reconhecimento global, o que tem se refletido na seriedade com que sua candidatura ao assento permanente no Conselho de Segurança tem sido considerada. E todos esses ganhos foram alcançados sem necessidade de assinar o TNP ou o CTBT.

Até agora, argumentei que a opção da Índia pela aparentemente perversa estratégia intransigente é na verdade algo racional, considerados os constrangimentos com que sua política externa é formulada. No entanto, permanece o fato de a Índia ser vista como um parceiro de negociação inflexível e difícil. Então, sob quais condições pode a Índia aprender a dizer "sim"? Parece-me que duas condições gerais serão necessárias para responder a pergunta: a desconfiança das intenções da comunidade internacional terá de acabar, e seus negociadores terão de ser convencidos de que as recompensas pela cooperação com a potência hegemônica serão certas e altas.

É possível que a primeira condição possa ser alcançada, se a Índia sustentar seu rápido crescimento econômico, se seu envolvimento na economia mundial aumentar e se ela encontrar novas fontes de confiança ao se relacionar com o mundo desenvolvido. Já seu convencimento de que o engajamento positivo vale a pena dependerá da evolução de suas relações com o Ocidente. Até agora, há pouco na história desse relacionamento que incentive a Índia a abandonar completamente sua velha diplomacia terceiro-mundista, sua retórica civilizacional ou sua estratégia defensiva e intransigente em favor da maior conformidade com o mundo desenvolvido.

Capítulo 4

Estratégias chinesas em uma ordem global hegemônica: acomodação e *hedging**

*Rosemary Foot***

A ascensão chinesa, especialmente marcante nos anos 1990, tem propiciado os argumentos realistas de que a ordem unipolar de supremacia norte-americana está levando a uma coalizão anti-hegemônica liderada pela China e de que este país está aumentando sua capacidade econômica e militar para competir em pé de igualdade com os Estados Unidos.[1] Outros analistas afirmam que, apesar de a China indicar um forte desapreço pelo domínio americano, na verdade ela segue os Estados Unidos a reboque.[2]

---

* Nota do Tradutor: Termo emprestado do mercado financeiro, *hedging* consiste na redução ou neutralização do risco de determinadas aplicações por meio de aquisição de posições que possam compensar potenciais perdas das primeiras.

** Tradução de Dermeval Aires Júnior. A autora agradece a Simon Rabinovitch por sua assistência de pesquisa. Suzanne Yang também gentilmente a apontou três valiosos artigos redigidos por influentes intelectuais chineses. Uma versão anterior deste texto, intitulada "Chinese perspectives on global order and US hegemony: accomodating and hedging" ("Perspectivas chinesas da ordem global e da hegemonia dos Estados Unidos: acomodação e cobertura"), foi apresentada na Universidade de Brasília em abril de 2005 durante a conferência Hegemonia, ordem e potências emergentes. Ela também agradece aos organizadores pela oportunidade de ter apresentado esses pensamentos no Brasil e pelos valiosos comentários do público.

A simplicidade dessas visões torna-as atraentes. Porém, elas não conseguem abarcar a complexidade das perspectivas chinesas ou o sentido de vulnerabilidade que está por trás do comportamento chinês. Ao longo dos últimos 10 a 15 anos, as elites políticas e intelectuais da China articularam um leque bastante amplo de visões acerca da ordem global, e de como o governo do seu país deve lidar com ela. Uma das maiores consequências do programa de reforma econômica do país e da sua adesão ao liberalismo de mercado tem sido a diversificação das perspectivas entre intelectuais, comentaristas e representantes oficiais. Com o tempo, também as perspectivas se modificaram em resposta aos acontecimentos. Do ponto de vista chinês, os eventos menos bem-vindos foram a emissão do visto norte-americano ao presidente de Taiwan em 1995 e a demonstração de força americana no Estreito de Taiwan em 1996; a crise financeira asiática de 1997-1999; a intervenção da Organização do Tratado do Atlântico Norte (Otan) no Kosovo em 1999 e o bombardeio, em maio do mesmo ano, da embaixada chinesa em Belgrado; o início da campanha antiterrorista, que resultou em presença mais forte dos Estados Unidos na Ásia Central; e a intervenção norte-americana no Iraque em março de 2003. As percepções também mudaram como consequência de alterações no equilíbrio de influência entre poderosos grupos de elite.

Todos esses fatores favorecem uma abordagem mais interpretativa das perspectivas chinesas acerca da ordem global: uma abordagem que sugere que nada é preordenado e que as escolhas políticas estão sendo feitas. Neste artigo serão tratadas quatro questões principais:

- Como as elites chinesas caracterizam a atual ordem global?
- Como essa caracterização afeta as perspectivas chinesas a respeito das relações do país com os Estados Unidos?

- Qual é a resposta da China a essa ordem global: contraposição ou adesão à hegemonia americana?
- Qual é a visão chinesa de uma ordem global alternativa e mais justa?

A República Popular da China e a ordem global

A Guerra Fria

Durante a Guerra Fria, a matriz conceitual trazida pelos líderes de Pequim a respeito das questões internacionais envolvia um enfoque na ascensão e queda de potências hegemônicas, potências estas que estariam dispostas a se valer de seus recursos para alcançar a dominação global e tolher as ações dos países mais fracos.[3] Essa matriz encorajou os chineses a ver suas próprias preocupações de segurança a partir da estratégia global da potência hegemônica da vez: já fossem os Estados Unidos (nas décadas de 1950, 1960 e em nossos dias) ou a União Soviética (entre finais da década de 1960 e a metade dos anos 1980).

Na concepção chinesa, as potências hegemônicas ou *hegemons* utilizam seus recursos de poder para aumentar seu controle sobre terceiros países. A compreensão chinesa dessa noção se remete ao período dos "Estados Guerreiros" (entre 480-221 a.C.) e foi fortemente impulsionada durante o assim chamado "século da humilhação" (1842-1949), quando potências estrangeiras interferiram nas questões internas da China. A noção chinesa de hegemonia também moldou o pensamento nacional após 1949, quando os Estados Unidos foram responsabilizados por impedirem a unificação territorial da RPC com Taiwan, criando alianças militares com vizinhos da China, obstruindo o estabelecimento de relações diplomáticas entre Pequim e outros países, impondo um rígido embargo comercial e organizando uma coalizão para negar à China um assento na Organização das Nações Unidas (ONU) até 1971.

Ao lidar com a forte política americana de contenção até a reaproximação entre China e Estados Unidos em 1972, Pequim buscou desenvolver recursos de poder bruto (*hard power*) e brando (*soft power*). Nos anos 1950, formou uma aliança com Moscou e valeu-se dessa ligação para acumular poder econômico e militar, acreditando – assim como formulou Mao Tsé Tung – que as nações ocidentais não levariam a China a sério até sua industrialização e obtenção de armas avançadas (inclusive nucleares). Nessa época, os líderes chineses também enfatizaram junto aos países recém-descolonizados o apelo ideológico da nova China, em contraposição ao Ocidente supostamente desmoralizado e impopular. Principalmente enquanto surgia a rivalidade sino-soviética no final dos anos 1950, Pequim se projetou junto aos países em desenvolvimento como um modelo econômico e político a ser seguido e como um dos principais agentes de transformações revolucionárias capazes de mudar a história do mundo. Quando as relações com a União Soviética se deterioraram às raias da violência, e quando uma grande guerra entre as duas antigas parceiras foi vista como algo provável, Pequim justificou a criação de um alinhamento antissoviético tácito com Washington, afirmando que o imperialismo dos Estados Unidos estava retrocedendo e que Moscou tinha usurpado o papel hegemônico anteriormente exercido pelos americanos.

O pós-Guerra Fria

Essas perspectivas ilustram diversos aspectos marcantes da visão chinesa sobre as questões internacionais: a preocupação em ser tratada seriamente como um igual pelas potências dominantes e a necessidade de desempenhar um papel de liderança no mundo em desenvolvimento. Tal visão também mostra uma noção relativamente ampla de poder, que ultrapassa, sem desprezar, capacidades materiais tais como uma economia forte e forças armadas possantes. Algumas dessas ênfases ainda ressoam hoje, à medida que as lideranças chinesas – e, cada vez mais, os cidadãos chineses – discutem a atual ordem global. Os Estados Unidos e o seu poderio ainda são de grande interesse para muitos chineses. O *hegemon* americano é visto como uma peça essencial para a busca chinesa de seus objetivos nacionais principais, incluindo a reunificação com Taiwan, o desenvolvimento econômico com estabilidade política (importante não apenas em si mesma, mas também como base de legitimação para a continuidade do regime unipartidário). Afinal de contas, os Estados Unidos respondem por 30% ou 40% das exportações chinesas e têm sido uma fonte central de investimentos estrangeiros diretos. Além disso, sem o apoio americano, os governantes de Taiwan já teriam sido forçados a desistir de sua existência independente há muito tempo. A busca daquilo que a China descreveu como uma "força nacional abrangente" também está relacionada a seu ardente desejo de reconhecimento como uma grande potência;[4] entretanto, o país ainda defende suas relações e ainda se identifica, em certo grau, com o mundo em desenvolvimento. Sua ênfase no que julgou ser uma tendência à multipolaridade no sistema global mostra uma contínua preocupação não apenas com a atual distribuição do poder material entre os Estados, mas também com as perspectivas de longo prazo.

Ainda assim, não é apropriado exagerar a continuidade dessa percepção. Nos últimos tempos, os representantes governamentais e intelectuais chineses têm buscado e adotado novos conceitos, como globalização, multilateralismo e segurança cooperativa, conectando-os a posturas mais tradicionais de Pequim. Como se discutirá adiante, essas ideias parecem ter sido aceitas apenas nos últimos três ou quatro anos, como resultado dos ataques terroristas de setembro de 2001 nos Estados Unidos e do começo da guerra no Iraque em 2003. Antes desses eventos, havia duas discussões principais. A primeira, no começo dos anos 1990, enfatizava uma compreensão tradicional de multipolaridade (isto é, uma distribuição mais igualitária de poder entre os Estados), juntamente com uma percepção de que, apesar de seu *status* de única superpotência, os Estados Unidos possuem fraquezas subjacentes. A segunda, nos fins da década, aceitava a unipolaridade como um fenômeno de longo prazo, enquanto via a multipolaridade como uma meta desejável, mas adicionava compreensões mais sofisticadas a respeito do poder e de como alcançar a segurança numa era globalizada.[5]

A discussão da ordem global

Começando com a primeira fase: apenas após 1991/1992 – o marco é frequentemente atribuído ao ocaso da União Soviética –, os líderes chineses começaram a querer arriscar uma descrição um pouco mais clara da ordem mundial pós-Guerra Fria. Como afirmou o ministro das Relações Exteriores, Qian Qichen em 1991: "Ainda que o mundo esteja em um período de transição e ainda que um novo padrão não tenha se delineado até o momento, existe uma forte estrutura nas relações internacionais, na qual uma superpotência e diversas potências dependem de uma luta entre si". E continuou: "Este é o estágio inicial da evolução rumo à multipolarização". A declaração sinalizava implicitamente que a China operava num mundo unipolar, mesmo não estando disposta a reconhecer esse fato diretamente. Acadêmicos chineses especularam a respeito da forma que essa multipolaridade poderia assumir, e a maioria deles sugeriu uma estrutura de cinco polos, envolvendo os Estados Unidos, a Alemanha unificada (às vezes, a União Europeia), a China, o Japão e a Rússia. Muitos acreditaram que a unipolaridade não duraria muito, apontando diversos sinais da fraqueza americana, especialmente no âmbito econômico. Mesmo a impressionante demonstração de poderio militar dos Estados Unidos durante a guerra de 1990/1991 contra o Iraque podia ser usada para ilustrar o ponto, dado que Washington pediu o auxílio de outros países para o pagamento dos custos envolvidos na operação.[6]

A partir de meados dos anos 1990, no entanto, surgiu um desconforto, uma vez que os Estados Unidos evidenciaram não apenas a continuidade de seu papel como superpotência, mas também aquilo que a China viu como manifestações de comportamento hegemônico. A expansão da Otan para o leste e a renegociação das diretrizes da aliança Estados Unidos–Japão foram interpretadas por alguns como métodos de cercar a Rússia e a China; e as decisões dos Estados Unidos de construir um sistema de defesa antimísseis e de assumirem a liderança da guerra no Kosovo. Juntas, essas medidas foram lidas na China como evidência de uma grande estratégia de domínio mundial.[7] De acordo com um analista militar, a Europa e o Japão tinham decepcionado: ambos se eximiram de desafiar a dominação unipolar dos Estados Unidos, aparentemente levando os líderes chineses a concluir que os apelos da China pela multipolaridade estavam cada vez mais "fora de compasso com a realidade",[8] e que a unipolaridade tinha chegado de vez. Essa perspectiva ganhou raízes profundas. Um relato particularmente pessimista, publicado pelo jornal

Ta Kung Pao (propriedade da RPC) de Hong Kong, afirmou em 2002 que "o mundo inteiro passará a primeira metade do século XXI sob a supervisão e o controle dos Estados Unidos", pois esse país havia alcançado uma "força nacional abrangente" acima de qualquer outro Estado, e o seu "estado psicológico" havia "alcançado o ponto em que podia fazer o que quisesse no mundo, podendo buscar um inimigo para um teste de forças a qualquer momento".[9]

Mesmo quando acadêmicos chineses desenvolveram uma compreensão mais sofisticada de poder, incorporando a consideração de aspectos menos diretamente coercitivos, isso gerou pouco ou nenhum consolo. Como colocou Shen Jiru em 1999, embora o *hegemon* de hoje não ocupe territórios estrangeiros nos moldes dos antigos impérios europeus, ele possui outros meios de ganhar influência. Ele "frequentemente se vale tanto da ideologia (democracia, direitos humanos e outros valores) quanto de armamentos, propagando a ideologia e até mesmo usando a ideologia como desculpa para fazer uma guerra local, de modo a interferir nas questões internas de um país, e trazê-lo para dentro do seu próprio sistema." Yan Xuetong pareceu concordar, afirmando em 2000 que os Estados Unidos haviam legitimado a sua hegemonia pela criação de normas internacionais que comandaram a aceitação pela maioria dos outros países.[10]

No começo, as percepções chinesas da globalização tampouco auxiliaram muito. A globalização, vista como importante força de transformação, também podia gerar vulnerabilidade, como a crise financeira asiática de 1997-1999 e o alastramento de epidemias como a Síndrome Respiratória Aguda Grave (Sars, na sigla em inglês). Além disso, grupos de elite e acadêmicos chineses constataram quão benéficos eram para os Estados Unidos alguns aspectos da globalização. Com a "vantagem americana em inovação tecnológica, revolução militar e domínio cultural, a globalização parecia conferir ganhos relativos" a Washington, reforçando ainda mais a estrutura unipolar do sistema internacional.[11]

Entretanto, uma corrente sugeria que a globalização também poderia limitar o poder americano. Assim, para alguns analistas a globalização poderia mudar noções americanas de interesse nacional, reforçando a cooperação internacional e até mesmo impedindo o uso da força em regiões onde houvesse forte interdependência econômica (como era o caso do Leste asiático). Em 2003, Zheng Yu afirmou que a globalização significa que "não existem vencedores ou perdedores absolutos" e implica que não estamos vivendo num mundo de "soma zero." Segundo essa constatação, era possível até mesmo esperar cooperação entre as grandes potências.[12] A noção de ganhos simultâneos para grandes potências na era da globalização passou a aparecer uma e outra vez em discursos de oficiais chineses.[13]

Sem querer descartar inteiramente o ideal de uma ordem multipolar, oficiais chineses começaram a descrever a globalização e a multipolaridade como forças complementares, mesmo que isso ocorresse de modo desordenado e interrupto.[14] Ajustando a maneira de descrever a multipolaridade, representantes oficiais e alguns acadêmicos passaram a tratá-la como um ideal de democratização da política mundial. Eles também sugeriram que a multipolaridade não devia ser pensada como instrumento para contrarrestar o *hegemon* americano diretamente, mas, ao contrário, como um fenômeno ligado à interdependência econômica, ao multilateralismo e à segurança cooperativa.

Relações China-Estados Unidos em uma ordem global americana

Os chineses aceitam, assim, que vivem num mundo dominado pelos Estados Unidos e que este país é especialmente privilegiado numa era globalizada. Além disso, aceitam que a dominação americana provavelmente durará por muitas décadas. Ainda assim, embora reconhecendo que seu país está muito atrás dos Estados Unidos em todas as dimensões do poder, os chineses também veem o seu próprio país em ascensão – e, ao contrário da antiga União Soviética, veem-se continuamente integrados à economia mundial e capazes de se beneficiar da globalização econômica. Além disso, e diferentemente da URSS no passado, o crescente gasto militar chinês não levará o país a exaurir-se numa contraproducente corrida armamentista com os Estados Unidos.

Qual a visão chinesa sobre o futuro do relacionamento com os Estados Unidos? De acordo com o influente acadêmico Shi Yinhong, as pessoas que discutem essa questão na China podem ser divididas em três grupos principais. O primeiro grupo – que ele descreve como a maioria da elite – "espera uma acomodação a longo prazo com os Estados Unidos, mas duvida seriamente de sua probabilidade", não eliminando nem a possibilidade de um conflito de grande escala, nem uma confrontação ao estilo da Guerra Fria. Um segundo grupo – minoritário, porém muito influente – está mais otimista acerca das perspectivas de cooperação a longo prazo, ainda que aceite que uma acomodação sino-americana dependeria de um processo de difícil adaptação mútua. E um terceiro grupo – uma pequena minoria pouco influente – prevê uma situação de conflito, pois os Estados Unidos "nunca tolerariam que a China se tornasse uma grande potência ou uma potência de segundo escalão na Ásia e no Pacífico".[15]

Outra visão sugere que o governo americano tentará constranger a ascensão da China, impedindo-a de emergir como uma competidora estratégica e fazendo uso da sua dependência energética para cortar suprimentos vitais para seu desenvolvimento econômico. Enquanto isso, outros são mais otimistas, apontando vantagens para a China na cooperação econômica e de segurança na Ásia, e de parcerias cooperativas com outras grandes potências, incluindo os Estados Unidos.[16]

O que une essas visões divergentes é o reconhecimento de que a China deve aceitar a unipolaridade como um fato. Muitos se ressentem fortemente dessa característica da atual ordem global,[17] mas mesmo os mais ressentidos veem a necessidade de encontrarem uma maneira de conviver com essa realidade. Segundo essa visão, a tarefa de Pequim seria "evitar conflitos abertos com os Estados Unidos para não dar-lhes uma desculpa para interferir na tarefa chinesa de modernização".[18] Essa estratégia pode parecer uma forma de esquivar-se da potência hegemônica. Na realidade, entretanto, a escolha chinesa por fazer o melhor possível do pouco espaço de manobra existente tem sido uma opção mais sofisticada e sutil que as adotadas durante a Guerra Fria ou no período imediatamente posterior ao massacre da Praça da Paz Celestial em 1989.

Estratégias da China

Desde as reformas iniciadas em 1979, a principal meta da estratégia chinesa tem sido a obtenção de "força nacional abrangente" (também chamada de "sociedade integralmente em ascensão").[19] A legitimidade do sistema unipartidário na China depende fundamentalmente do sucesso dessa estratégia. As lideranças têm também constantemente argumentado que, para se concentrarem nessa meta, é necessário haver um ambiente regional e global pacífico. Em 1989, o arquiteto da reforma, Deng Xiaoping, delineou seus princípios centrais de política externa: "observar com sobriedade os desenvolvimentos, manter nossa posição, superar os desafios calmamente, esconder nossas capacidades e ganhando tempo, permanecer livre da ambição, nunca clamar para si a liderança". Mais tarde – tal como elaborado em 1993 pelo presidente Jiang Zemin, e fazendo referência em particular à necessidade de a China ter relações estáveis com os Estados Unidos – o *slogan* se tornou: "aprimorar a confiança, reduzir os problemas, expandir a cooperação e evitar a confrontação".[20]

No entanto, desde 1996, essa abordagem um tanto passiva e imprecisa foi substituída por algo mais ativo e com um conteúdo político real.[21] A princípio, tal mudança de direção foi propiciada pelo reconhecimento da liderança chinesa de que a própria ascensão da China e suas políticas regionais no começo e em meados dos anos 1990, a respeito de Taiwan e do Mar do Sul da China, haviam alarmado seus vizinhos e comprometido uma de suas principais metas – estabelecer um ambiente regional pacífico. O seu comportamento havia fomentado o argumento da "ameaça chinesa" e gerado a perspectiva de contenção de uma China em ascensão como uma das principais estratégias dos Estados Unidos e da Ásia.

As referências feitas por Deng Xiaoping de nunca clamar para si a liderança, de esconder as capacidades e de ganhar tempo não colaboraram muito para essas novas formulações, e foram rapidamente abandonadas. Em seu lugar, os líderes chineses desenvolveram retóricas e políticas para mostrar aos outros países que a ascensão da China seria algo benigno e mutuamente benéfico. Como explicou o ministro das Relações

Exteriores Tang Jiaxuan em agosto de 2002, "o desenvolvimento da China não é um desafio, tampouco uma ameaça, mas sim uma nova oportunidade para o desenvolvimento".[22] Diversos meios foram adotados para demonstrar que o aumento no poderio político e econômico da China não deveria ser temido pelos outros. Desde 1996, Pequim começou a dar ênfase ao que chamou de "novo conceito de segurança", que articulou a necessidade de desenvolver "a confiança mútua e laços de interesses comuns", a fim de promover uma segurança genuína. Também se defendeu a substituição de uma mentalidade *démodé* de política de poder e as alianças militares bilaterais à moda antiga, que ainda permaneciam mesmo após o final da Guerra Fria.[23] Durante a crise financeira asiática de 1997-1999, Pequim moveu-se rapidamente para oferecer assistência econômica a países afetados e anunciou que não desvalorizaria sua própria moeda em resposta à crise. A China começou a se engajar muito mais ativamente na segurança multilateral asiática e em organizações econômicas como o Fórum Regional da Associação de Nações do Sudeste Asiático (Asean), e a Associação de Cooperação Econômica de Países da Ásia-Pacífico (Apec). Além disso, colocou seu peso por trás da criação de um novo agrupamento econômico apenas para a Ásia, a composição Asean Mais Três (APT ou Asean Plus Three), envolvendo a China, a Coreia do Sul e o Japão.

Os Estados-membros da Asean foram cortejados com um fervor especial. Em novembro de 2002, a China assinou dois documentos: um acordo-matriz comercial, feito para estabelecer até 2010 um Acordo de Livre-Comércio Asean-China; e, também com a Asean, uma Declaração sobre a Conduta das Partes no Mar do Sul da China, renunciando aos meios violentos na negociação de causas de soberania disputadas em suas águas. Em outubro de 2003, tornou-se o primeiro grande

Estado asiático fora da Asean a buscar associação no Tratado de Amizade e Cooperação, cujas diretrizes também excluem o uso da força na resolução de conflitos e disputas. A Ásia do Norte, Leste e Central também recebeu atenção. A China começou a ter um papel de liderança ao lidar com a crise de armamentos nucleares na península da Coreia, reconhecendo que uma proliferação de armas nucleares e as instabilidades após um colapso da Coreia do Norte – ou após um ataque dos Estados Unidos no Norte – teriam um alto custo e desestabilizariam seriamente a região, minando a determinação de Pequim de focar o desenvolvimento doméstico e prejudicando seus ganhos econômicos. A China assumiu uma posição mais ativa na Organização Xangai de Cooperação (SCO), cujos seis membros são China, Casaquistão, Quirguistão, Rússia, Tajiquistão e Usbequistão, estabelecendo seu secretariado em Pequim, conduzindo exercícios conjuntos antiterrorismo com alguns dos seus membros e discutindo a expansão de suas questões para áreas econômicas. E a China também apontou o Tratado das Cinco Potências para Medidas de Construção de Confiança, em abril de 1996, entre os Cinco de Xangai (grupo precursor da SCO, menos o Usbequistão), como um exemplo de segurança mútua e como evidência de que ela havia se mostrado interessada em concordar com certas medidas intrusivas a fim de contribuir positivamente na promoção da segurança comum.

Os esforços dos líderes chineses na região asiática foram complementados por uma participação mais ativa nos fóruns globais.[24] O presidente Jiang Zemin e o premiê Zhu Rongji decidiram em 1999 – contra uma considerável oposição doméstica – empreender uma etapa final de negociações com os Estados Unidos sobre a participação da China na OMC. A China também aumentou suas contribuições às operações de manutenção e estabelecimento de paz da ONU, estendendo gradualmente o tamanho e a natureza de suas unidades e áreas geográficas de atuação. Em 2004, Pequim entrou para o Grupo de Fornecedores Nucleares e buscou tornar-se membro do Regime de Controle de Tecnologia de Mísseis. Tudo isso serviu para sublinhar que a China não estava se tornando apenas uma potência "pacífica e desenvolvimentista", mas também emergindo como uma "grande potência responsável" na política mundial. Portanto, mesmo havendo muitos vestígios da era Deng Xiaoping, a figura de Jiang Zemin e seu sucessor Hu Jintao se moveram a fim de enfatizar a importância da globalização econômica, da natureza multidimensional da segurança e da necessidade de reconhecer a responsabilidade das grandes potências, incluindo a China, na manutenção da ordem global.[25]

Também os laços bilaterais viriam a ser aprimorados.[26] A China buscou estabelecer parcerias de cooperação estratégica ou assinar "acordos estratégicos" com muitos dos seus vizinhos, incluindo Rússia, Índia, Indonésia, Casaquistão, Tailândia e Malásia. Também além de sua própria região, países como Brasil, França, Alemanha, Irã, Sudão e Venezuela – importantes não apenas porque propiciam o acesso a recursos econômicos – receberam sua atenção mais do que anteriormente. Apenas com o Japão a sua estratégia alcançou resultados abaixo de seus objetivos, a despeito de fortes laços econômicos. Peter Hays Gries descreveu bem o tom amargo entre os dois países como um "contrapeso real" ao desenvolvimento de um regionalismo asiático capaz de amortecer o poder dos Estados Unidos.[27] A cautela mútua sino-japonesa tem aumentado desde a última metade dos anos 1990, com um esfriamento no lado chinês após o fortalecimento da aliança de segurança Estados Unidos-Japão (mas sem a manutenção da aliança em si), a colaboração do Japão com os Estados Unidos nos primeiros estágios das medidas de defesa balística, o posicionamento mais assertivo japonês, especialmente desde a guerra liderada pelos Estados Unidos no Afeganistão no outono de 2001e a insistência do primeiro-ministro Koizumiem em visitar o controverso templo Yasukuni, construído em honra aos mortos de guerra japoneses.

Como a política da China para os Estados Unidos se encaixaria dentro dessa movimentação mais ativa? Tal movimentação tem sido uma parte crucial, começando com as tentativas – no encontro de Jiang Zemin em Washington em outubro de 1997 –, de estabelecer uma "parceria estratégica construtiva" semelhante à que procurava junto a outros Estados, e então tomando uma forma mais realista como resultado de um significativo crescimento nas tensões entre 1999 e 2001, em busca de uma relação razoável de trabalho baseada numa discussão "construtiva e espontânea". Após os ataques terroristas em solo norte-americano em setembro de 2001, a China aproveitou a oportunidade para criar uma instância comum de contraterrorismo, surpreendendo ao permitir o estabelecimento de um escritório jurídico do Federal Bureau of Investigation (FBI) em Pequim e impondo obstruções mais sérias à transferência de componentes de Armamentos de Destruição em Massa. Em geral, o objetivo de Pequim tem sido contemporizar, quando possível, e buscar interesses congruentes com Washington.[28] Mesmo com a condução da guerra contra o regime de Saddam Hussein no Iraque em 2003 – uma política da qual a China discordava fundamentalmente –, os líderes chineses indicaram que iriam criticar, porém acatar, deixando à França ou à Alemanha geralmente o papel de manifestar uma oposição mais declarada à política estadunidense.

Durante a reunião da OMC em Cancún em 2003, mesmo se tornando parte do Grupo dos 20 (G-20) – fato importante para o peso material e valorativo dessa coalizão – a China não participou da redação do primeiro texto do grupo[29] e foi geralmente percebida como "muito menos estridente em suas críticas do que o foram Brasil, Índia e vários outros países em desenvolvimento". Aparentemente, apesar dos representantes comerciais dos Estados Unidos terem ficado consternados com a entrada da China no G-20, "eles elogiaram Pequim logo em seguida, por ter trabalhado duro para comissionar um acordo". Mais adiante, o diretor-geral da OMC, Supachai Panitchpakdi, fez um apelo à China para que usasse a sua "influência para cobrir o hiato entre as nações em desenvolvimento e as nações desenvolvidas",[30] sugerindo, talvez, que a China tivesse antecipado as duas frentes políticas de modo bem-sucedido. Pequim tem consistentemente adotado uma posição firme contra os Estados Unidos apenas a respeito da questão de Taiwan, da crítica norte-americana ao seu histórico de desrespeito aos direitos humanos – hoje envolvendo, mais notadamemente, a questão da liberdade religiosa interna – e das tentativas dos Estados Unidos para minarem a autoridade do Conselho de Segurança da ONU.[31]

Em geral, essa estratégia chinesa poderia ser interpretada como uma *soft bandwagoning* nos Estados Unidos. Mas ela é contrabalançada por uma presença chinesa global e regional mais forte, expressa nos fóruns multilaterais, regimes globais e laços bilaterais formalizados, nos quais os representantes chineses mantêm a opção de promover os seus próprios interesses, mesmo quando estes terminam atrapalhando os interesses promovidos por Washington. Nesse sentido, enquanto a estratégia de Pequim pode ser vista como uma adaptação ou acomodação da atual ordem mundial dominada pelos Estados Unidos, ela também contém um importante elemento de *hedging*, ou uma garantia por meio da qual a China busca assegurar seu futuro.[32] Se o uso dessa garantia se tornasse necessário, a China poderia se valer de suas novas relações bilaterais e multilaterais para contrabalançar qualquer deterioração mais séria nas suas relações com os Estados Unidos.[33] Os fortes laços que a China buscou estabelecer em torno do mundo poderiam assegurar que uma contenção da China no estilo da Guerra Fria simplesmente não ocorreria nesta era de interdependência. Tais laços também poderiam garantir um acesso seguro aos recursos que são vitais à sua posição de "galpão de montagem do mundo", um papel que está na base de suas políticas domésticas e de suas metas de desenvolvimento.[34]

Ainda assim, embora não podendo ser totalmente descrita como o aproveitamento de uma carona, a estratégia da China tampouco pode ser vista como uma tentativa, mesmo que moderada, de balanceamento pela formação de coalizões anti-hegemônicas.[35] É verdade que a China tem dedicado muitos esforços ao desenvolvimento das medidas Asean+3 apenas para asiáticos, e que a intenção é a de realizar uma Cimeira Leste-Asiática no final de 2005 sem a participação dos Estados Unidos. Além disso, suas relações com Moscou amadureceram a ponto de possibilitar que os dois regimes empreendam exercícios militares conjuntos. Em julho de 2005, os membros da Organização Xangai de Cooperação pediram que os Estados Unidos estabelecessem um cronograma para o fechamento de bases militares americanas no Quirguistão e no Usbequistão. Mas Pequim também reconhece que muitos dos Estados asiáticos dentro do Asean+3 e da Organização Xangai de Cooperação provavelmente manterão estreitos laços com os Estados Unidos por motivos militares e econômicos. Tampouco se poderia confiar totalmente na Rússia – como mostraram suas tentativas iniciais de chegar a um entendimento com os Estados Unidos que limitasse os esquemas de defesa antimísseis e a sua negociação de um acordo para oleodutos com o Japão, em lugar da China. A Rússia continua insegura quanto ao aumento da influência e do poder material da China, e essa reação inibe o aprofundamento de suas relações, limitando o impacto dos interesses que as duas nações compartilham. Como colocou Shi Yinhong, categoricamente, "por muito tempo, não haverá a possibilidade de formar e manter um *front* internacional unido e suficientemente consolidado, forte, efetivo e permanente para equilibrar a preponderância [dos Estados Unidos]".[36] Esta perspectiva reforça a suposição de que não se pode contrabalançar os Estados Unidos, reforçando as visões dos chineses que argumentam, a partir de um ponto de vista mais otimista, que pode haver algum potencial para a China se engajar numa cooperação de longo prazo com os Estados Unidos, e que a presença prolongada norte-americana na região deveria ser reconhecida como um fator estabilizador.[37]

E também ainda há pouca substância no argumento de que a China estaria empenhada em desafiar diretamente o poderio militar dos Estados Unidos, por dois motivos: em primeiro lugar, ela aceita que a liderança militar estadunidense é tão grande, que nunca será ultrapassada, ou tão-somente num futuro distante; e, em segundo lugar, a preocupação chinesa com o desenvolvimento doméstico termina inviabilizando uma corrida armamentista ao estilo da era soviética. Sem dúvida, desde 1999 tem ocorrido uma aceleração no aumento do poderio militar convencional chinês, com um crescimento de dois dígitos nos gastos e com mudanças na doutrina de modo a possibilitar à China uma participação em guerras locais de alta tecnologia, e de projetar seu poder na região da Ásia-Pacífico. A aquisição militar chinesa de armamentos vindos da Rússia tem sido uma ocorrência regular. Entretanto, diversos comentaristas parecem concordar que no curto e médio prazo, a principal causa para o fortalecimento das capacidades militares no país é a questão de Taiwan, com a meta específica de coagir a ilha a uma reunificação com o continente – e de impedir os Estados Unidos de intervirem pelo lado de Taipei, caso a China decida se valer da força em resposta a uma declaração formal de independência de Taiwan.[38] Já o longo prazo é mais incerto. A China poderia, com o tempo, desafiar outros Estados como Índia, Japão, Rússia e os próprios Estados Unidos; mas eu diria que o resultado não está predefinido e depende do desenrolar dos acontecimentos e das interpretações chinesas a respeito de como melhor alcançar suas metas – e, naturalmente, de como os outros países alcançariam as próprias.

Além disso, a China empreendeu uma modernização de seu programa de armamentos nucleares. Como argumentou, no entanto, um estudo da Rand a respeito dessa modernização, "existem alguns ímpetos por trás" dela, "e nenhum deles envolve mudanças *recentes* no ambiente da segurança internacional". Em vez disso, esses impulsos deveriam ser entendidos como respostas a "mudanças estratégicas de longo prazo" – incluindo a necessidade de substituir sistemas antiquados de armamentos – e às "atitudes oscilantes de potências nucleares tradicionais, como Rússia e Estados Unidos, e ao surgimento de potências nucleares na Ásia, em particular a Índia". Somam-se a isso as preocupações chinesas, há diversas décadas, quanto à credibilidade da capacidade nuclear do país, sem dúvida uma preocupação que se aprofundou com a efetivação de defesas antimísseis norte-americanas e com os relatórios na Revisão da Postura Nuclear dos Estados Unidos em 2002 a respeito da China como um alvo.[39] Também sempre se considerou que a China tivesse uma capacidade bélica nuclear crucial para uma estratégia que a impedisse de ser "ameaçada" – como colocou Mao Tsé Tung – ou contida ou coagida – como seus sucessores poderiam afirmar hoje. A modernização militar da China, tanto nas áreas convencionais quanto nas não convencionais, é bastante consistente com a estratégia de cobertura apontada anteriormente.

Perspectivas chinesas de uma ordem mundial alternativa e mais justa

Algumas vezes, os acadêmicos chineses criticaram duramente a falha de seus governantes em articular uma "abordagem sistêmica para lidar com a atual ordem mundial 'comandada pelos Estados Unidos", descrevendo os princípios e as metas da política exterior chinesa como "abstrações, por exemplo: 'estabelecer uma nova ordem internacional política e econômica','promover a paz mundial e o desenvolvimento comum','acelerar a multipolarização' e 'contrapor hegemonismo e política de poder'".[40] Para Shi Yinhong, "em sua ascensão, a China ainda está longe de ter desenvolvido um sistema de objetivos nacionais fundamentais claros e coerentes, uma filosofia diplomática e uma grande estratégia de longo prazo ou secular".[41] Shi sugeriu que a estratégia do país para os próximos 30 a 50 anos (ou mais) deveria envolver uma dupla abordagem: em primeiro lugar, uma estratégia de pegar carona, definida como a cooperação com a "superpotência de primeira magnitude e os regimes internacionais por ela apoiados, obtendo a partir disso seu apoio e proteção e outros possíveis benefícios, ainda que à custa da própria liberdade de ação, que se poderia reduzir em algum grau". E, em segundo lugar, porém, a médio e longo prazo, "transcendendo" essa acomodação pela contribuição à transformação pacífica da sociedade internacional, que deixaria de ser dominada ou controlada pelas grandes potências ocidentais para tornar-se uma sociedade na qual o Ocidente e, especialmente, os Estados Unidos aceitassem a necessidade de coexistir de modo equitativo e razoável com os novos Estados não ocidentais em ascensão.[42]

O que Shi implica, ao usar a expressão "transcendendo" (também articulada por representantes oficiais chineses), é a necessidade de "democratizar" as relações internacionais – pelo menos levando em conta os interesses de um leque maior de Estados principais. Porém, como afirmam acadêmicos chineses, esses representantes têm frequentemente sido um tanto vagos quanto a tais interesses. O ex-ministro de Relações Exteriores Qian Qichen descreveu o requisito necessário em janeiro de 2004 como "um novo conceito de segurança" baseado "na confiança e no benefício mútuos, na igualdade e na cooperação", e nos cinco princípios de coexistência pacífica que promovem o ideal de uma ordem mundial pluralista e com base na soberania, incluindo um forte apoio à ONU e à sua Carta. Ele colocou a maior ênfase neste último fator, descrevendo a ONU como a "organização internacional com maior universalidade, representatividade e autoridade no mundo", e apelando aos Estados para que "envidem esforços comuns para endossar ativamente a autoridade e o *status* dominante das Nações Unidas nas questões internacionais".[43] O presidente Hu Jintao adicionou alguns conteúdos econômicos a esse conjunto bastante familiar de ideais, lançando um apelo por "reforma e aprimoramento dos sistemas financeiros internacionais", e chamando os países desenvolvidos a fazer mais pelos países em desenvolvimento: maior abertura de seus mercados, eliminação de barreiras comerciais, aumento no apoio financeiro e técnico e oferta de alívio de dívidas. Hu também defendeu que o Norte deveria ajudar o Sul a se beneficiar da globalização econômica. Na mesma declaração, ele também mencionou a necessidade crucial de se manter a autoridade da ONU,[44] uma demanda que foi repetida em quase todas, senão todas, as declarações oficiais chinesas sobre questões internacionais, incluindo o documento oficial da China a respeito da Reforma da ONU.[45]

Porém, existe um problema nessa fixação chinesa pela ONU como fonte de autoridade: pelo menos em parte, parece que Pequim valoriza essa organização precisamente porque *não* é democrática, mas sim hierárquica em sua estrutura. A China aprova os constrangimentos que a instituição poderia, em tese, impor ao poder dos Estados Unidos, mas também valoriza os benefícios do *status* que possui como membro permanente do Conselho de Segurança, e, especialmente, da influência que pode exercer pela prerrogativa do veto. Por isso, na reforma da ONU, Pequim enfatiza a necessidade de se aprimorar a "autoridade e a eficiência do conselho, fortalecendo a sua capacidade"; e, ao reconhecer a necessidade de aumentar a representação dos países em desenvolvimento no Conselho de Segurança, implica que tal aumento seria mais bem-alcançado por meio da participação rotativa com base regional.[46]

Sem dúvida, as percepções chinesas de uma ordem mundial mais justa e democrática levam em conta a ação dos Estados Unidos. De acordo com um jornal semanal publicado pela agência oficial de notícias chinesa, enquanto a China estava tentando "assimilar-se à ordem internacional existente e transformá-la"; os Estados Unidos queriam ignorar as leis e normas internacionais existentes e reescrever as regras. Outro comentarista concordou com essa visão, destacando que, enquanto os Estados Unidos praticam a democracia e sentem-se orgulhosos de serem governados pelo estado de direito da observância das normas jurídicas, "no âmbito das relações internacionais os Estados Unidos se opõem a qualquer restrição, desprezam as Nações Unidas, violam o direito internacional, obstruem os princípios democráticos e desobedecem a vontade de todos os povos contra a guerra. Os Estados Unidos mantêm a supremacia da força, procuram agir de modo livre e unilateral e defendem abertamente um domínio imperialista do mundo". Na visão desse autor, "uma ordem internacional justa e democrática só pode ser alcançada com base no direito internacional, na negociação e na cooperação multilateral".[47] Portanto, o que uma democratização das relações internacionais significa para alguns seria a democratização ou a contenção do comportamento hegemônico americano.

Ninguém na China pensa que isso seria fácil. Parte da estratégia chinesa é acentuar as características desse comportamento que precisariam ser expostas. Na visão de Pequim, os Estados Unidos são hegemônicos, unilateralistas, negligentes diante do direito internacional e das Nações Unidas e adeptos de noções "de soma zero" a respeito de segurança, ignorando preocupações não tradicionais de segurança e os efeitos negativos da questão da segurança, além de serem protecionistas.

Também faz parte da estratégia chinesa promover a globalização e a multipolaridade como conceitos-chave na desejada democratização das questões mundiais: a primeira por causa da ênfase na importância das forças transnacionais e das ameaças de extensão abrangente (crises econômicas, tráfico de drogas, epidemias, terrorismo etc.), que frequentemente requerem uma abordagem multilateral e cooperativa de segurança a fim de serem efetivamente resolvidas;[48] e, a segunda, por causa da ênfase chinesa num sistema de "concertação entre grandes potências", que buscaria consumar a cooperação multilateral entre os principais países em instituições internacionais como a ONU.

Conclusão

A visão chinesa da ordem global está centrada nos Estados Unidos e se relaciona principalmente aos efeitos potenciais da política americana sobre suas próprias metas de desenvolvimento econômico e estabilidade doméstica. Parece haver duas perspectivas políticas dominantes na base da estratégia de Pequim no presente mundo unipolar: ambas nutrem a esperança de uma acomodação com os Estados Unidos, mas diferem entre si quanto à possibilidade de manter uma cooperação a longo prazo. Dado o nível de incerteza, a China parece ter escolhido o curso prudente de evitar antagonismos precipitados com os Estados Unidos, enquanto estabelece uma rede de relacionamentos com outros Estados e entendimentos internacionais, que poderão servir para lhe dar alguma margem de vantagem estratégica em caso de necessidade – por exemplo, na eventualidade de um conflito com os Estados Unidos a respeito de Taiwan, ou de tentativas de coação ou contenção pelos Estados Unidos. Uma minoria entre os chineses também acredita que a globalização – juntamente com o abraçamento pelo seu país de uma estratégia desenvolvimentista com base em reformas econômicas com liberalização de mercado – exclui para Pequim qualquer outra opção além da construção da cooperação econômica e de laços políticos, e que outros Estados neste mundo globalizado alcançaram uma compreensão semelhante e são constrangidos de modo parecido.

Sem dúvida, a China gostaria de ter sua situação de igualdade reconhecida junto aos Estados Unidos nas relações internacionais. Entretanto, o país percebe que essa é uma possibilidade improvável para o futuro próximo. Enquanto isso, sua meta continua sendo um sistema mundial mais igualitário, uma meta que espera alcançar ressaltando os benefícios dos acordos institucionais multilaterais capazes de diluir o poder dos Estados Unidos, e enfatizando que um dos maiores efeitos da globalização tem sido o de trazer novas questões à agenda de segurança, cuja solução demandará estratégias cooperativas, frequentemente não militares. Porém, não está claro que os líderes chineses tenham um plano bem trabalhado de como ganhar uma ampla aceitação dos meios para alcançar uma ordem mundial alternativa mais além do nível regional, onde Pequim tem melhores condições de moldar as agendas das organizações multilaterais existentes. No nível global, sua aparência é mais incerta e suas posições políticas carecem de coerência. A ONU é percebida como um corpo importante, e mesmo vital, que precisa aprimorar sua autoridade, mas quanto à reforma dessa organização, a proposta específica da China parece conservadora: o país apoia a participação de novos países em desenvolvimento no Conselho de Segurança, mas parece ainda relutante em diluir o veto ou em estabelecer novos membros permanentes. Dentro da OMC, a China se une ao G-20, mas provavelmente não pretende uma liderança ativa na coalizão.

A China não está participando nem buscando enfaticamente construir coalizões anti-hegemônicas. Consequentemente, outros Estados emergentes como Brasil, Índia ou Rússia não devem esperar muito quanto a uma cooperação sustentável com a China nesse *front*, caso se interessem em formar coalizões de tal natureza. É improvável também que a China se esforce em posições de negociação que os Estados Unidos pudessem ver como seriamente contrárias aos seus interesses. A impressão que fica é a de que essa abordagem apenas mudaria se a China se convencesse de estar enfrentando uma hostilidade contínua por parte dos Estados Unidos.

Os líderes de Pequim seguem preocupados com suas relações com os americanos e se afirma que Hu Jintao descreveu os Estados Unidos em 2002 como o "fio condutor central da estratégia de política externa da China".[49] Uma consequência dessa preocupação é que sua estratégia está fixada apenas nos termos mais amplos, permanecendo amplamente dependente das decisões de Washington – que, por sua vez, reagem à ascensão da China. A política de Pequim, portanto, não é determinada simplesmente por desigualdades na distribuição de poder: não é a hegemonia dos Estados Unidos em si que influencia as políticas chinesas, mas sim como essa posição hegemônica é usada, especialmente em relação à própria China.

Notas

Introdução – Hegemonia, liberalismo e ordem global: qual é o espaço para potências emergentes?

[1] WILSON, Dominic; PURUSHOTHAMAN, Roopa. *Dreaming with the Brics: the path to 2050.* New York: Goldman Sachs, Oct. 2003. (Global Economics Paper n. 99). Ver também VIRMANI, Arvind. *Economic performance, power potential and global governance: towards a new international order.* New Delhi: Indian Council for Research on International Economic Relations, Dec. 2004 (Working Paper n. 150).

[2] GARTEN, Jeffrey E. *The big ten: the big emerging markets and how they will change our lives.* New York: Basic Books, 1997. p. xxv; CHASE, Robert; HILL, Emily; KENNEDY, Paul (Eds.). *The pivotal states: a new framework for US policy in the developing world.* New York: Norton, 1999. p. 165-194.

[3] IKENBERRY, G. John. *After victory: institutions, strategic restraint and the rebuilding of order after major war.* Princeton, NJ: Princeton University Press, 2001; Liberalism and empire: logics of order in the American unipolar age. *Review of International Studies*, v. 30, n. 4, p. 609-630, Oct. 2004.

[4] A participação do Brasil na OEA e no Tratado Interamericano de Assistência Recíproca é uma exceção parcial. No entanto, como veremos durante a maior parte do período, desde 1945 a parceria brasileira com Washington não tem sido especialmente estreita. É também uma exceção em termos culturais e históricos, ainda que sua política externa tenha sido caracterizada por uma tensão entre os defensores do terceiro-mundismo e aqueles que favorecem maior integração com o mundo industrializado.

[5] Apesar de ser comum inferir atitudes em relação à ordem internacional a partir de características domésticas (o grau de liberalização política ou o grau de reforma econômica), não se deve descontar a "síndrome do país grande". Brasil, Rússia, Índia e China têm compartilhado uma preferência por concepções radicais de soberania nacional e, ainda que por vezes professem

um gosto pelo multilateralismo, têm resistido à delegação efetiva de autoridade a órgãos internacionais. Neste aspecto, é claro, têm muito em comum com os Estados Unidos. Nesse grupo a preferência europeia por normas mais elaboradas de governança global representa a exceção.

[6] N.E.: Apesar dos esforços de modernização e ocidentalização desdobrados pelo Japão a partir da Restauração Meiji (1866-1869) e de sua participação na I Guerra Mundial ao lado da Entente, as potências ocidentais foram relutantes em admitir uma nação asiática no alto escalão da política mundial no pós-guerra.

[7] MEARSHEIMER, John J. *The tragedy of great power politics*. New York: Norton, 2001. Para um exame histórico da ideia de que "a auto-revelação de uma grande potência é completada pela guerra", ver WIGHT, Martin. *Power Politics*. Harmondsworth: Penguin/RIIA, 1979. cap. 3.

[8] WOHLFORTH, William C. The stability of a unipolar world. *International Security*, v. 24, n. 1, p. 5-41, 1999.

[9] NYE, Joseph N. *Soft power: the means to success in world politics*. New York: Public Affairs, 2004. Como Joffe nota, uma das vantagens do poder brando é a de complicar a noção de contrabalanceamento: "Contra o poder brando a agregação não funciona. Como conter o poder que flui não da coerção, mas da sedução?". Ver JOFFE, Josef. Gulliver *unbound: can America rule the world?* Sydney: John Bonython Lecture, 5 Aug. 2003.

[10] IKENBERRY, G. John. American grand strategy in the age of terror. *Survival*, v. 43, n. 4, p. 19-34, Winter 2001/2002.

[11] Sobre esta distinção ver MILLER, Benjamin. The rise of offensive liberalism and the war in Iraq. In: INTERNATIONAL STUDIES ASSOCIATION. *Proceedings*... Montreal, 2004. A influência do liberalismo ofensivo deve reforçar a visão, visível nesses quatro continentes, de que ideologias e práticas de globalização econômica e solidarismo liberal estão intimamente conectados ao poder hegemônico dos Estados Unidos e seus aliados mais próximos.

[12] O Brasil segue preocupado em continuar seu desenvolvimento tecnológico nessa área e em proteger sua capacidade autônoma de enriquecimento e reprocessamento de urânio.

[13] Wohlforth, 2005:25

[14] WALT, Stephen M. *The origins of alliances*. Ithaca, NY: Cornell University Press, 1987. p. 19-21.

[15] Esse padrão tem sido consistentemente dominante na política norte-americana para a Ásia. Também foi central à política externa norte-americana em um período anterior de sobre-extensão imperial, nomeadamente o final dos anos 1960 e início dos anos 1970, na ideia de que os interesses norte-americanos seriam mais bem-protegidos por meio da devolução da "responsabilidade" a "influentes regionais" na forma da Doutrina Nixon. Ver LITWAK, Robert. *Détente and the Nixon Doctrine: American foreign policy and the pursuit of stability 1969–1975*. Cambridge: Cambridge University Press, 1984.

[16] Para uma análise mais completa ver HURRELL, Andrew. The United States and Brazil: comparative reflections. In: HIRST, Monica. *The United States and Brazil: the long road of unmet expectations*. New York: Routledge, 2005. p. 73-108.

[17] COHEN, Stephen P. *India, emerging power*. Washington, DC: Brookings Institution, 2001. p. 297-298.

[18] AMORIM, Celso. *Folha de S. Paulo*. 16 maio 2005.

[19] PAUL, T. V. Soft balancing in the age of U.S. primacy. *International Security*, v. 30, n. 1, p. 46-71, Summer 2005.

[20] PAPE, Robert A. Soft balancing against the United States. *International Security*, v. 30, n. 1, p. 7-45, Summer 2005. Citação p. 10.

[21] HURRELL, Andrew. The United States and Latin America: neorealism re-examined. In: WOODS, Ngaire (Ed.). *Explaining international relations since 1945*. Oxford: Oxford University Press, 1996. p. 163.

[22] BROOKS, Stephen G.; WOHLFORTH, William C. Hard times for soft balancing. *International Security*, v. 30, n. 1, p. 72-108, Summer 2005. Citação p. 103.

[23] Brooks; e Wohlforth, 2005:82.

[24] ARON, Raymond. *Peace and war: a theory of international relations*. London: Weidenfeld & Nicholson, 1966. p. 70.

[25] PAYNE, Anthony. *The global politics of unequal development*. Basingstoke: Palgrave, 2005. p. 95-100.

Capítulo 1 – Brasil como país intermediário e poder regional

[1] Para o conceito de uma comunidade de política externa, ver SOUZA, Amaury de. *A agenda internacional do Brasil: um estudo sobre a comunidade brasileira de política externa*. Rio de Janeiro: Centro Brasileiro de Relações Internacionais, 2002. Mimeografado. Tal comunidade inclui membros do Executivo, Legislativo e Judiciário, movimentos sociais importantes e grupos de interesse, organizações não governamentais, empresários, jornalistas e acadêmicos.

[2] Para o conceito de conjunturas críticas, ver COLLIER, Ruth; COLLIER, David. *Shaping the political arena: critical junctures, the labor movement, and regime dynamics in Latin America*. Princeton, NJ: Princeton University Press, 1991.

[3] Para distintas explicações da relativa estabilidade e continuidade da política externa brasileira, ver LIMA, Maria Regina Soares de. Instituições democráticas e política exterior, *Contexto Internacional*, v. 22, n. 2, jul./dez. 2000. p. 265-303; VIEIRA, Marco Antonio Muxagata de Carvalho. Ideias e instituições: uma reflexão sobre a política externa brasileira do início da década de 90. *Contexto Internacional*, v. 23, n. 2, jul./dez. 2001. p. 245-291; e LAFER, Celso. *A identidade internacional do Brasil e a política externa brasileira*. São Paulo: Perspectiva, 2001.

[4] ARBILLA, José Maria. Arranjos institucionais e mudança conceitual nas políticas externas argentina e brasileira. *Contexto Internacional*, v. 22, n. 2, jul./dez. 2000. p. 337-385.

[5] FONSECA JR., Gelson. Alguns aspectos da política externa brasileira contemporânea. In: ____. Gelson. *A legitimidade e outras questões internacionais: poder e ética entre as nações*. São Paulo: Paz e Terra, 1996. p. 353-374.

[6] PINHEIRO, Letícia. Traídos pelo desejo: um ensaio sobre a teoria e a prática da política externa brasileira contemporânea. *Contexto Internacional*, v. 22, n. 2, jul./dez. 2000. p. 305-335.

[7] Souza, 2002:22.

[8] Souza, 2002:23-25.

[9] Para uma defesa da cooperação Sul-Sul nessa linha, ver AMORIM, Celso. A política externa do governo Lula. *Política Externa*, v. 13, n. 1, jun./ago. 2004. p. 161. (Texto apresentado pelo embaixador Celso Amorim em conferência na London School of Economics.)

[10] GARCIA, Eugênio V. *O Brasil e a Liga das Nações (1919–1926)*. Brasília: Funag, 2000.

[11] ABREU, Marcelo de Paiva. Brazil, the GATT, and the WTO: history and prospects In: *The international relations of Brazil: new possibilities and old constraints*. Oxford: St Antony's College, 1999. (Centre for Brazilian Studies da Oxford University).

[12] SENNES, Ricardo U. *Brasil, México e Índia na Rodada Uruguai do Gatt e no Conselho de Segurança da ONU: um estudo sobre os países intermediários*. Tese (Doutorado) – Universidade de São Paulo, São Paulo, 2001. p. 157.

[13] Sennes, 2001:148.

[14] Abreu, 1999.

[15] Sennes, 2001:96.

[16] AMORIM, Celso. Entre o desequilíbrio unipolar e a multipolaridade: o Conselho de Segurança da ONU no período pós-Guerra Fria. In: DUPAS, Gilberto; VIGEVANI, Tullo (Eds.). *O Brasil e as novas dimensões da segurança internacional*. São Paulo: Alfa-Omega, 1999. p. 87-98.

[17] Lafer, 2001.

[18] Amorim, 1999:93.

[19] Por exemplo Lafer, 2001; HURRELL, Andrew. An emerging security community in South America? In: ADLER, Emanuel; BARNETT, Michael. (Eds.). *Security communities*. Cambridge: Cambridge University Press, 1998.

[20] Em agosto de 2000, todos os chefes de Estado sul-americanos compareceram à primeira cúpula presidencial sul-americana em Brasília. A agenda da reunião incluía cinco tópicos: defesa da democracia; comércio regional; infraestrutura regional; informação, ciência e tecnologia; e a luta contra o tráfico de drogas.

[21] Menção específica deve ser feita à guerra entre Equador e Peru em 1995 e a crise política paraguaia de 1996. Em outubro de 1998 os governos do Equador e Peru assinaram um tratado de paz em Brasília, finalmente encerrando as hostilidades. Em relação ao Paraguai, o Brasil tem consistentemente coordenado ações diplomáticas com a Argentina para evitar que o país recaia em autoritarismo.

[22] Devemos assinalar que para o Brasil a importância geopolítica e geoeconômica dos países andinos está ligada aos laços interestatais e intersocietais na região amazônica.

[23] Desde 2002 tem se observado um plano de realocação dentro do Itamaraty, com o número de diplomatas enviados à América do Sul quase dobrando, enquanto o corpo diplomático em países europeus foi drasticamente reduzido. No Palácio do Planalto, esta aproximação política tem ficado a cargo da Assessoria Especial do presidente para Assuntos Internacionais.

[24] RICUPERO, Rubens. O atacado e o varejo da diplomacia. *Folha de S. Paulo,* São Paulo, 26 jun. 2005.

[25] Na declaração de Buenos Aires, Argentina e Brasil prometeram intensificar a cooperação, fortalecer os processos democrático e de integração, aperfeiçoar as instituições do Mercosul, gerar desenvolvimento sustentável e lutar contra a pobreza.

[26] Minustah ou United Nations Stabilization Mission in Haiti.

[27] A Minustah conta com a participação de Argentina, Bolívia, Chile, Uruguai, Paraguai, Peru, Canadá, Estados Unidos, Croácia, Equador, França, Guatemala, Jordânia, Malásia, Marrocos, Filipinas, Espanha e Sri Lanka.

[28] No início dos anos 1950, uma reaproximação entre Vargas e Perón e a suspeita de que uma aliança entre Brasil, Argentina e Chile havia sido negociada geraram reação estridente e hostil

da parte das forças de oposição, o que contribuiu para a desestabilização do ambiente político doméstico nesses países.

[29] Em agosto de 2000 o presidente Clinton viajou à Colômbia para anunciar o Plano Colômbia, que envolvia um pacote de auxílio de US$ 1,3 bilhão, e para reafirmar apoio total ao governo Pastrana. Oitenta por cento do pacote de auxílio foi destinado a uso militar e envolveu a formação de três batalhões antidrogas compostos por mil homens, com 500 conselheiros militares e 60 helicópteros.

[30] A Quarta Cúpula das Américas foi realizada em Mar del Plata, Argentina, em 4 a 5 de novembro de 2005. Imediatamente após, o presidente Bush visitou o Brasil para conversas bilaterais. Para uma avaliação da visita, ver The boys in Brazil. *Wall Street Journal Europe*, 9 Nov. 2005. p. 15. Ver também BRAZIL, US look ahead to world trade talks. *Whashington Post*, 6 Nov. 2005. Disponível em: <www.washingtonpost.com/wp-dyn/content/article/2005/11/06/AR2005110600313.html>. Acesso em: 29 abr. 2008.

[31] Em julho de 2005, a Política de Defesa Nacional lançou um novo decreto (5.484) aprovado e assinado pelo presidente Lula. Esse decreto representa a visão oficial do Brasil sobre defesa nacional e segurança regional/internacional. De acordo com o documento, as principais prioridades estratégicas do Brasil são: Amazônia (impacto da guerra na Colômbia, narcotráfico, grupos guerrilheiros etc.); o Atlântico Sul (por sua importância para o comércio, bem como suas reservas de gás e petróleo). O documento argumenta que, em um mundo caracterizado por crescente interdependência e globalização, é importante desenvolver um setor apropriado de defesa nacional, uma vez que, no futuro, os recursos naturais do país podem precisar ser protegidos de ambições externas. Esse setor deve dispor dos recursos humanos e econômicos apropriados, tecnologia e armas adequadas. O documento reconhece também a crescente presença de ameaças não-tradicionais, como terrorismo e atividades ilícitas organizadas, e prioriza a criação de forças de resposta rápida e um maior papel para o Brasil em operações de *peacekeeping*.

[32] De acordo com um estudo de instabilidade política na América do Sul, de 1990 a 2004 a instabilidade foi maior nos países andinos do que no Cone Sul, onde apenas o Paraguai apresentou número similar de eventos de crise. Em um índice composto pelo número de semestres nos quais eventos tais como golpes de Estado, guerras civis, estados de sítio, *impeachments* presidenciais ou revoltas sociais ocorreram, Colômbia (96%), Venezuela (58%), Bolívia (55%), Paraguai (55%), Equador (48%) e Peru (48%) registraram, no período, a maior incidência de tais eventos, acima da média da América do Sul, de aproximadamente 40%. Ver COUTINHO, Marcelo. *Crises institucionais e mudança política na América do Sul*. Dissertação (Doutorado em Ciência Política) – Iuperj, Rio de Janeiro, 2005. E o site do Observatório Político Sul-Americano. Disponível em: <http://observatorio.iuperj.br>. Acesso em: 29 abr. 2008.

[33] Quanto mais o valor do coeficiente de Gini se aproxima de 0, menos desigual é o país. Por exemplo, o coeficiente de Gini da Namíbia, o país mais desigual, era de 0,707; o coeficiente de Gini brasileiro era de 0,593. Piores do que o Brasil em termos de desigualdade estavam seis países africanos e a Guatemala.

[34] PROGRAMA DAS NAÇÕES UNIDAS PARA O DESENVOLVIMENTO. *Human development report 2005*. Genebra, 2005. Disponível em: <http://hdr.undp.org/en/reports/global/hdr2005/>. Acesso em: 29 abr. 2008.

Capítulo 2 – O "R" dos Brics: A Rússia é uma potência emergente?

[1] Um relatório de 2003 da Goldman Sachs identificou quatro Estados que, nos próximos 50 anos, "se tornariam uma força muito maior na economia mundial": "Brasil, Rússia, Índia e China – as economias Bric". Ver: WILSON, Dominic; PURUSHOTHAMAN, Roopa. *Dreaming with the Brics: the path to 2050*. New York: Goldman Sachs, 2003 (Global Economics Paper, 99).

[2] Um oficial do Conselho da União Europeia observou, em agosto de 2005, que "um segundo centro de poder ajudaria a manter 'os Estados Unidos honestos'". Robert Cooper, citado em VATIKIOTIS, Micahel. A troubled world seen from a Swedish idyll, *International Herald Tribune*, 10 Aug. 2005, p. 7.

[3] Por exemplo, a crescente cooperação sino-russa por meio da Organização de Cooperação de Xangai (SCO) sobre ameaças terroristas na Ásia Central e sobre os esforços para limitar a presença norte-americana na região, bem como o exercício militar conjunto de China e Rússia, em agosto de 2005, nas proximidades da Península de Shangdong.

[4] Para uma discussão dos poderes revisionistas, ver GILPIN, Robert. *War and change in world politics*. Cambridge: Cambridge University Press, 1984.

[5] A extensa literatura sobre a paz democrática é ilustrativa.

[6] Um exemplo conhecido é a elaboração de Robert Putnam sobre "os jogos de dois níveis", em que os líderes buscam resultados positivos tanto no contexto doméstico quanto no externo. Ver PUTNAM, Robert. Diplomacy and domestic politics: the logic of euro-level games, *International Organization*. v. 42, n. 3, p. 427-460, Summer 1988.

[7] Gilpin, 1984:235, 239-242. No entanto, tanto Gilpin (p. 243) quanto KENNEDY, Paul. *The rise and fall of the great powers*. New York: Random House, 1987. p. 430-431, 488-501 levantaram questões sobre a capacidade da URSS de manter seu curso em face da rigidez econômica, o efeito de drenagem do dispêndio militar e a expulsão centrífuga dos povos não-russos.

[8] Estimativas da contração variam e são intrinsecamente problemáticas, dado que a maioria das estatísticas não inclui completamente a atividade da economia informal e do mercado negro, e a estimativa deste é difícil. Não há dúvida, porém, de que o declínio tenha sido substancial.

[9] O PIB russo (em dólares de 2003) cresceu de $ 195,9 bilhões em 1999 para $ 432,9 bilhões em 2003, e para $ 582,395 em 2004. Ver WORLD BANK GROUP, *Russian Federation data profile*. Disponível em: <devdata.worldbank.org/external/CPProfile.asp?SelectedCountry=RUS&CNAME=Russian+Federation&PTYPE=CP>. Acesso em: 11 ago. 2005. Ver também *Total GDP 2004*. Disponível em: <www.worldbank.org/data/databytopic/GDP.pdf>. Acesso em: 11 ago. 2005. Em 2003/2004, a Federação Russa recuperou os níveis de PIB de 1993.

[10] O aumento da receita advinda da energia possui um efeito negativo, pois o fluxo de moeda reduz os incentivos a continuar com a reforma de mercado.

[11] O PIB de 2004 da Rússia é também $ 100 bilhões menor do que o da Índia, e apenas $ 20 bilhões menor do que o do Brasil. Ver WORLD BANK, *Total GDP 2004*. Disponível em: <http://devdata.worldbank.org/external/CPProfile.asp?SelectedCountry=RUS&CNAME=Russian+Federation&PTYPE=CP>. Acesso em: 11 ago. 2005.

[12] Nos anos 1990 e 2000, o Exército russo diminuiu de 2,5 milhões para aproximadamente 1 milhão de membros.

[13] TRENIN, Dmitri. Russia and antiterrorism. In: LYNCH, Dov (Ed.). *What Russia sees*. Paris: EU Institute for Security Studies, 2005 (Chaillot Paper 74).

[14] LYNCH, Dov. *Russia faces Europe*. Paris: EU Institute for Security Studies, 2003. p. 9 (Chaillot Paper 80).

[15] Neste caso, no entanto, a Rússia tirou vantagem da deixa francesa e alemã para permanecer em segundo plano. Ver KARAGANOV, Sergei. Russia and the international order. In: Lynch (Ed.), 2005:31.

[16] PUSHKOV, Alexey. Putin at the helm. In: Lynch (Ed.), 2005:46. Também Lynch, 2003:9,11.

[17] PUTIN, Vladimir. Discurso no Ministério de Relações Exteriores, 29 jan. 2001.

[18] *The national security concept of the Russian Federation*, 18 Jan. 2000, p. 2-4. Disponível em: <www.fas.org/nuke/guide/russia/doctrine/gazeta012400.htm>. Acesso em: 3 fev. 2009.

[19] ASLUND, Anders. *Putin decline and America's response*. Washington, DC: Carnegie Endowement for International Peace, Aug. 2005. (Policy Brief 41). p. 1. Aslund destaca ainda a disfuncionalidade de tal "supercentralização", observando que – conforme os dados da Freedom House – a Rússia tem a diferença de ser o único país "que se tornou autoritário durante o mandato do presidente George W. Bush". A Freedom House é uma ONG com sede nos Estados Unidos que monitora a transição no mundo.

[20] Nas eleições parlamentares de dezembro de 2003, o partido de Putin assegurou 2/3 dos assentos.

[21] TRENIN, Dmitri. Putin's "new course" is now firmly set: what next?, *Moscow Carnegie Center Briefing Papers*, v. 4, n. 6, Jun. 2002. Disponível em: <www.carnegie.ru/en/pubs/briefings/48464.htm>. Acesso em: 28 jan. 2009.

[22] *The foreign policy concept of the Russian Federation*, 28 June e 2000, p. 2. Disponível em <www.fas.org/nuke/guide/russia/doctrine/econcept.htm>. Acesso em 3 fev. 2009.

[23] *The national security concept of the Russian Federation*, p. 1, 5.

[24] *Declaração dos membros da CISS sobre o estado dos assuntos na OSCE*, Moscou, 3 jul. 2004. Disponível em: < www.mid.ru>. Acesso em: 21 ago. 2005.

[25] Citado por FULLER, Liz, *Analysis: Russia coordinates new broadside against OSCE*. Radio Free Europe/Radio Liberty, 12 July 2004. Disponível em: <www.rferl.org/featuresarticle/2004/7/031A1656-7D0C-4B74-8EA1-5B7B15F2E296.html>. Acesso em: 28 jan. 2009.

[26] KARAGANOV. In: Lynch (Ed.), 2005:41. É significativo que o sr. Karaganov tenha esta visão, dado seu anterior apoio à multipolaridade como prioridade da política externa russa.

[27] Putin foi o primeiro líder estrangeiro a falar com o presidente Bush após os ataques, e expressou sua simpatia e solidariedade.

[28] O *Conceito de segurança nacional* de 2000 identificou "o possível aparecimento de bases militares estrangeiras e grandes contingentes militares nas proximidades das fronteiras russas" como uma das oito "maiores ameaças na esfera internacional". *The national security concept of the Russian Federation*, p. 5. Disponível em: <www.fas.org/nuke/guide/russia/doctrine/gazeta012400.htm>. Acesso em: 21 ago. 2005.

[29] A importância da integração da Rússia ao comércio e sistema financeiro globais foi destacada no *Conceito de política externa da Federação Russa*, p. 6.

[30] Sobre esse ponto, ver MEDVEKOV, Maksin. Vstuplenie Rossii v VTO. In: BARYSCH, Katinka; COTTRELL, Robert; FRATTINI, Franco; HARE, Paul; LAMY, Pascal; MEDVEKOV, Maxim; YASIN, Yevgeny (Eds.). *Rossia v VTO*. London: Centre for European Reform, 2002. p. 39.

[31] A campanha contra Khodorkovsky parece ter sido inspirada em grande medida pela preocupação de Putin de que o oligarca estaria cruzando o limite entre negócios e política. Ver Aslund, 2005:2.

[32] Para contextualização, ver MACFARLANE, S. Neil. Uzbekistan: willing to act, *The World Today*, v. 61, n. 8-9, p. 29, Aug.-Sept. 2005. Para a reação russa a Andijan, ver LAVROV, Sergey, Interview with newspaper Izvestia, 17 May 2005.

[33] Ver KIMMAGE, Daniel. Central Asia: the SCO – shoring up the post-Soviet status quo, *Central Asia Report*. Prague: Radio Free Europe/Radio Liberty Research, 8 July 2005. Disponível

em: <www.rferl.org/featuresarticle/2005/07/9a8d1c5f-b72b-4a40-aedc-08ed11aaa34f.html>. Acesso em: 28 jan. 2009.

[34] Por exemplo, o recém-eleito presidente do Quirguistão – sede de uma das duas mais importantes bases militares dos Estados Unidos na região – , Kurmanbek Bakiev, observou na versão de 2005 que a situação no Afeganistão era estável o bastante para os Estados Unidos reavaliarem sua postura militar na Ásia Central.

[35] Ver SOCOR, Vladimir. Moscow's Central Asian friends campaign against US bases, *Eurasia DailyMonitor – The Jamestown Foundation*, v. 2, n. 157, 11 Aug. 2005.

[36] Como apontou Alexei Makarkin, "A Rússia está cumprindo seu papel no Grande Jogo. Ela não quer brigar publicamente com os Estados Unidos, expulsando suas bases da região, já que isso pode provocar acusações de torpedeamento à coalizão antiterrorista. O objetivo da Rússia é assegurar que as bases dos Estados Unidos sejam retiradas após a operação no Afeganistão." MAKARKIN, Alexei. What stands behind Uzbekistan's demand to withdraw US base? *RIA-Novosti*, 2 Aug. 2005. Disponível em: <http://en.rian.ru/analysis/20050802/41076262.html>. Acesso em: 15 jan. 2009.

[37] Pushkov, 2005:52-53.

[38] Esta tensão é bem demonstrada em Struggling with an indispensable partner. In: Lynch, 2005:121-122.

[39] Como exemplo, ver texto de declaração conjunta de China e Rússia sobre a ordem mundial do século XXI, *BBC Media Monitor*, 2 jul. 2005.

[40] Texto completo da declaração conjunta de China e Rússia, parágrafo 2.

[41] Para uma consideração precoce mas útil do interesse estratégico chinês em um grande Estado da Ásia Central, ver GUANGCHENG, Xing. China's foreign policy toward Kazakhstan. In: LEGVOLD, Robert. (Ed.). *Thinking strategically: the major powers, Kazakhstan, and the Central Asian nexus*. Cambridge, MA: MIT Press, 2003. p. 107-140.

Capítulo 3 – Patriotismo peculiar ou cálculo estratégico? Explicando a estratégia de negociação da Índia em ascensão

[1] CHASE, Robert; HILL, Emily; KENNEDY, Paul. *The pivotal states: a new framework for US foreign policy in the developing world*. New York: Norton, 1999.

[2] Um relatório da Goldman Sachs argumenta que, nos próximos 50 anos, Brasil, Rússia, Índia e China – as economias Brics – "poderiam se tornar uma força muito maior na economia mundial [...] Se as coisas derem certo, em menos de quarenta anos, as economias Brics juntas poderiam ser maiores do que o G-6 em termos de dólares americanos". Ver WILSON, Dominic; PURUSHOTHAMAN, Roopa. *Dreaming with the Brics: the path to 2050*. New York: Goldman Sachs, 2003 (Global Economics Paper, 99).

[3] MOHAN, C. Raja. *Crossing the Rubicon: the shaping of India's foreign policy*. New Delhi: Viking, 2003. p. 260-263.

[4] KEOHANE, Robert. *After hegemony: cooperation and discord in the world political economy*. Princeton, NJ: Princeton University Press, 1984.

[5] Poderia se argumentar que os custos da rigidez aumentaram ainda mais na ordem hegemônica do pós-Guerra Fria. Na ausência das alternativas de equilíbrio disponíveis na bipolaridade, e à medida que os países disputam entre si seu credenciamento como membros respeitadores das

leis das organizações multilaterais, os custos de permanecer fora do sistema tornam-se muito maiores. Lloyd Gruber oferece um argumento detalhado sobre os custos de permanecer sozinho em seu artigo. GRUBER, Lloyd. Power politics and the free trade bandwagon, *Comparative Political Studies*, v. 34, n. 7. p. 703-741. Sept. 2001.

[6] Em seu livro *India: emerging Power*. Washington DC: Brookings Institution, 2001, Stephen Cohen corretamente nomeia seu capítulo sobre a diplomacia indiana como "A Índia que não pode dizer sim".

7 Por exemplo, a maioria dos servidores públicos do Ministério do Comércio e Indústria é oriunda do Serviço Administrativo Indiano (IAS), que se orgulha de ser um "Serviço Todo Indiano". Isto significa que os membros do IAS servem tanto ao governo central quanto aos estaduais, e são treinados em conformidade. Os funcionários públicos do Ministério de Negócios Estrangeiros, em contraste, são oriundos do Serviço Exterior Indiano (IFS), um "serviço central" baseado em Delhi. Apesar de os membros de ambos serem recrutados por meio do mesmo sistema de avaliação da Comissão da União do Serviço Público, o IAS e o IFS desenvolveram cada um seu próprio *esprit de corps*, e até recentemente a coordenação entre eles era mínima. Sobre o IFS, ver RANA, K. S. *Inside diplomacy*. Delhi: Manas Publications, 2000 e BANDYOPADHYAYA, J. *The making of India's foreign policy: determinants, institutions, processes and personalities*. Bombay: Allied Publishers, 1970; sobre o IAS, ver POTTER, David. *India's political administrators: from ICS to IAS*. Delhi: Oxford University Press, 1996. O estabelecimento nuclear indiano, por sua vez, difere da burocracia comercial e do Ministério de Negócios estrangeiros quanto à predominância de um pequeno corpo de cientistas que possuem acesso ao primeiro-ministro; ver OLLAPALLY, Deepa. Mixed motives in India's search for nuclear status, *Asian Survey*, v. 41, n. 6, p. 925-942, 2001.

[8] FRANCK, Thomas. *Fairness in international law and institutions*. Oxford: Clarendon Press, 1995; NARLIKAR, Amrita. Fairness in international trade negotiations. In: POLITICAL ECONOMY OF FAIRNESS AND GLOBALIZATION *Proceedings*... Tulane University, Murphy Institute, 2005.

[9] Citado em KOCK, Karin. *International trade policy and the Gatt, 1945–1967*. Estocolmo: Almqvist Wiskell, 1969.

[10] Os membros linhas-duras do núcleo desse grupo eram Argentina, Brasil, Cuba, Egito, Índia, Nicarágua, Nigéria, Iugoslávia, Peru e Tanzânia.

[11] Seus membros originais eram Cuba, Egito, Índia, Indonésia, Malásia, Paquistão, Tanzânia e Uganda. Quando a Rodada Ministerial de Doha ocorreu, o grupo já contava com 14 membros.

[12] NARLIKAR, Amrita; ODELL, John. The strict distributive strategy for a bargaining coalition: the Like Minded Group in the World Trade Organization. In: ODELL, John (Ed.). *Negotiating trade: developing countries in the WTO and NAFTA*. Cambridge: Cambridge University Press, 2006.

[13] A proposta original da coalizão foi assinada por 20 países: Argentina, Bolívia, Brasil, Chile, China, Colômbia, Costa Rica, Cuba, Equador, El Salvador, Guatemala, Índia, México, Paquistão, Paraguai, Peru, Filipinas, África do Sul, Tailândia e Venezuela.

[14] NARLIKAR, Amrita; TUSSIE, Diana. The G-20 at the Cancún Ministerial: developing countries and their evolving coalitions in the WTO, *World Economy*, n. 27, p. 947-966, 7 Jul. 2004.

[15] Da perspectiva dos países em desenvolvimento, Cancún representou o ápice dos anos de aprendizado e adaptação à OMC, com a recusa dos países em desenvolvimento de aceitar barganhas que na verdade lhes fossem desvantajosas. Por exemplo, Celso Amorim, o ministro das Relações Exteriores do Brasil, escreveu: "O real dilema que muitos de nós tivemos de enfrentar era se seria de bom-tom aceitar um acordo que essencialmente consolidaria as políticas das duas superpotências – com ganhos bastante modestos e mesmo alguns passos para trás (a nova

definição de subsídios "*blue box*"para acomodar os Estados Unidos, por exemplo) – e então esperar por mais 15 ou 18 anos para lançar uma nova rodada, após gastar preciosas fichas de barganha". *The Wall Street Journal*, 25 set. 2003.

[16] Citado por MOSHAVER, Ziba. *Nuclear weapons proliferation in the Indian subcontinent*. Basingstoke: Macmillan, 1991. p. 108-109.

[17] Ollapally, 2001.

[18] Ganguly, Sumit. India's pathway to Pokhran II: the prospects and sources of New Delhi's nuclear weapons program, *International Security*, v. 23, n. 4, p. 148-177, Spring 1999.

[19] Moshaver, 1991:110.

[20] Citado em Moshaver, 1991:112.

[21] Ganguly, 1999:155.

[22] Para detalhes da oposição indiana ao TNP, ver Moshaver, 1991:114-118.

[23] Ganguly, 1999.

[24] Brahma Chellany escreve que "O CTBT fez com que a Índia ficasse ciente dos imperativos técnicos de sua opção nuclear, e da oportunidade cada vez menor de testar seus protótipos. Ao buscar forçosamente 'capturar' a Índia por meio de uma determinação coercitiva, e ao fazer ameaças veladas de sanções em caso de recusa, o CTBT deixou Nova Déli com poucas opções." Ver CHELLANY, Brahma. The tests: India's options, *Survival*, v. 40, n. 4, p. 93-111, Winter 1998/1999.

[25] Ganguly, 1999; NAYAR, Baldev Raj. *India and the major powers after Pokhran II*. New Delhi: Har-Anand Publications, 2001.

[26] Resolução nº 1.172 do Conselho de Segurança da ONU, S/Res/1172 (1998), 6 jun. 1998.

[27] Cohen, 2001:74.

[28] Cohen, 2001:308.

[29] SEN, Julius. Negotiating trade agreements with India: the reality below the water line, *SAIIA Trade Policy Briefing*, n. 8, Nov. 2004 (South African Institute for International Affairs).

[30] Ollapally, 2001:940.

[31] DAHL, Robert. Can international organizations be democratic? A skeptic's view. In: SHAPIRO. Ian; HACKER-CORDON, Casiano (Eds.). *Democracy's edges*. Cambridge: Cambridge University Press, 1999.

[32] Entrevista por telefone com um negociador indiano, 21 out. 2003.

[33] Entrevistas, Nova Delhi, mar. 2004; NARAYAN, S. Trade policy making in India. In: TRADE POLICY MAKING IN DEVELOPING COUNTRIES. *Proceedings*... International Trade Policy Unit, London School of Economics, 2005. Disponível em: <www.lse.ac.uk/collections/internationalTradePolicyUnit/Events/May2005/IndiaPaper.doc>. Acesso em: 12 jun. 2005.

[34] A falta de oposição doméstica às posições de negociação da Índia na OMC, apesar do aparente envolvimento de empresas no processo de formulação de política externa, pode ser explicada pela natureza da liberalização da Índia, que continua a ser estatal. Ver: ATHREYE, Suma. Trade policy, industrialization and growth in India. In: BROMLEY, Simon; MACKINTOSH, Maureen; BROWN, William; WUYTS, Marc (Eds.). *Making the international: economic interdependence and political order*. London: Open University/Pluto Press, 2004; KOHLI, Atul. *State-directed development: political power and industrialization in the global periphery*. New York: Cambridge

University Press, 2004. Como alguns de nossos entrevistados indicaram, grandes empresas podem ter mais a ganhar trabalhando lado a lado com o governo e continuar a usufruir dos benefícios da liberalização liderada pelo Estado. Com a exceção de um pequeno número de áreas como software, os poucos empreendedores que de fato possuem uma agenda de liberalização têm empresas de poucos riscos e redes de segurança mínimas para resistir aos efeitos potencialmente desestabilizadores da liberalização. Como resultado, apesar da crescente participação, os efeitos dos negócios no processo de formulação são limitados.

[35] Entrevistas, Nova Delhi, mar. 2004; HURRELL, Andrew; NARLIKAR, Amrita. A new politics of confrontation: developing countries at Cancún and beyond? In: DESTIN LSE. *Proceedings...* 2005. Disponível em: <www.crisisstates.com/News/seminars4.htm>. Acesso em: 15 jun. 2005.

[36] Cohen, 2001:70.

[37] Hurrell; Narlikar, 2005.

[38] Cohen, 2001:273.

[39] Cohen, 2001:283.

[40] Entrevista com um membro da delegação indiana, Genebra, 20 maio 2003.

[41] Entrevistas, Nova Delhi, março de 2004.

[42] Cohen, 2001:52.

[43] Entrevista com um membro do Serviço Exterior da Índia, Brasília, 18 abr. 2005.

[44] Disponível em: <www.indianembassy.org/press_release/2005/June/31.htm>. Acesso em: 18 ago. 2005.

[45] Esta frase em particular foi utilizada por um embaixador de um país em desenvolvimento: entrevista por telefone, out. 2003.

[46] Narlikar e Odell, 2006; Narlikar e Tussie, 2004. Note-se, no entanto, que mesmo uma coalizão de países em desenvolvimento com considerável poder de barganha e uma ameaça crível ao bloco necessitará de algumas concessões, isto é, precisará utilizar uma estratégia mista com alguns movimentos integrativos, se quiser chegar a algum acordo.

[47] GENTLEMAN, Amelia. New era on defence for India and US, *International Herald Tribune*, 30 June 2005.

Capítulo 4 – Estratégias chinesas em uma ordem global hegemônica: acomodação e *hedging*

[1] WALTZ, Kenneth N. *Theory of international politics*. Reading, MA: Addison-Wesley, 1979. WALTZ, Kenneth N.. Evaluating theories. *American Political Science Review*, v. 91, n. 4, p. 915-916, Dec. 1997; LAYNE, Christopher. The unipolar illusion: why new great powers will rise. *International Security*, v. 17, n. 4, p. 5-51, Spring 1993, com uma argumentação que enfoca especialmente a Alemanha e o Japão; MEARSHEIMER, John J. *The tragedy of great power politics*. New York: Norton, 2001, não prevê uma tentativa de buscar um equilíbrio. Entretanto, onde a China é mencionada, Mearsheimer advoga uma política norte-americana de contenção e adverte: "A presente política dos Estados Unidos para a China [de *engagement*] está mal direcionada. Uma China rica não seria uma potência de *status quo*, mas sim um Estado agressivo determinado a alcançar a hegemonia regional" (p. 402). Visões semelhantes têm

emergido na imprensa ocidental. Veja por exemplo The rivals: Washington's sway in Asia is challenged by China, *Financial Times,* 18 Mar. 2005. p. 11. Ver também US call to join rival Asian group, *Financial Times,* 8 July 2005. Disponível em: <www.smh.com.au/news/world/>. Acesso em: 11 jul. 2005.

[2] WOHLFORTH, William C. The stability of a unipolar world, *International Security*, v. 24, n. 1, p. 5-41, Summer 1999. Mais tarde, conjuntamente, Wohlforth e Stephen G. Brooks enfatizam a ausência da busca chinesa por uma contraposição mais "macia" (*soft balancing*) no comportamento chinês, russo e indiano, atribuindo atenção muito maior às preocupações políticas domésticas e regionais desses três países. Ver WOHLFORTH, William; BROOKS, Stephen G.. Hard times for soft balancing, *International Security*, v. 30, n. 1, p. 72-108, Summer 2005.

[3] Grande parte desta seção foi retirada de FOOT, Rosemary. *The practice of power: US relations with China since 1949.* Oxford: Oxford University Press, 1995. p. 9-14. Veja também a útil discussão dos conceitos chineses de hegemonia em SHAMBAUGH, David. *Beautiful imperialist: China perceives America, 1972–1990.* Princeton, NJ: Princeton University Press, 1991. p. 78-83; e MITTER, Rana. An uneasy engagement: Chinese ideas of global order and justice in historical perspective. In: FOOT, Rosemary; GADDIS, John L.; HURREL, Andrew (Eds.). *Order and justice in international relations.* Oxford: Oxford University Press, 2003. Em partes maiores do período em discussão, os líderes chineses não chegaram a usar o termo *hegemon*; em vez disso, chamaram tais Estados hostis e poderosos de "imperialistas". No entanto, o uso chinês sugere pouca distinção analítica entre os dois termos.

[4] A questão de Taiwan surge em tela uma vez mais: de acordo com WANG, Jisi. China's changing role in Ásia. In: KOKOBUN, Ryosei; WANG, Jisi (Eds.). *The rise of China and a changing East Asian order.* Tóquio: Japan Center for International Exchange, 2004. p. 14, "muitos chineses sentem que a ressurreição chinesa seria sem sentido e irreal, se a China continental falhasse em se reunificar com Taiwan".

[5] Quando os líderes e intelectuais chineses começam a discutir o conceito de "poderio macio", e quando o jornal oficial *Diário do Povo* publica uma resenha do livro *The paradox of American power,* de Joseph Nye, então não devemos nos surpreender com a ampliação dos termos dos debates envolvendo essas questões. Veja PEOPLE'S DAILY, The paradox of American power: commentary, *People's Daily*, 15 Mar. 2003. Disponível em: <www.china.org.cn/english/international/>. Acesso em: 27 jan. 2005.

[6] SUISHENG, Zhao. Beijing's perception of the international system and foreign policy adjustment after the Tiananmen incident. In: SUISHENG, Zhao (Ed.). *Chinese foreign policy: pragmatism and strategic behavior.* Armonk, NY: M. E. Sharpe, 2004. p. 142-143.

[7] CHEN, Rosalie. China perceives America: perspectives of international relations experts, *Journal of Contemporary China*, v. 12, n. 35, p. 288, 2003.

[8] YONG, Deng. Hegemon on the offensive: Chinese perspectives on US global strategy, *Political Science Quarterly*, v. 116, n. 3, p. 346-348, 2001.

[9] FOREIGN BROADCAST INFORMATION SERVICE 2002–0806, Hong Kong commentator on need to avoid 'sudden deterioration' in Sino-US tiés, *Ta Kung Pao*, 15 July 2002.

[10] BLUM, Samantha. Chinese views of US hegemony, *Journal of Contemporary China*, v. 12, n. 35, p. 244-246, 2003.

[11] YONG, Deng; MOORE, Thomas G.. China views globalization: toward a new great-power politics? *Washington Quarterly*, v. 27, n. 3, p. 120, Summer 2004.

[12] Yong e Moore, 2004:121-123.

[13] Por exemplo, PEOPLE'S DAILY. *End of year interview with foreign minister Li Zhaoxing*, 15 Jan. 2004. Disponível em: <http://english.peopledaily.com.cn/>. Acesso em: 10 mar. 2005;

BBC MONITORING INTERNATIONAL REPORTS. Enhance cooperation and create a mutually beneficial and win–win situation, discurso pelo premiê Wen Jiabao na VIII Reunião de Líderes da Asean+3, 29 e 30 nov. 2004, via Lexis Nexis executive news service, 3 dez. 2004.

[14] FOREIGN BROADCAST INFORMATION SERVICE 2002-1216, PRC's Tang Jiaxuan reviews diplomatic achievements, prospects, *Renmin Ribao*, 16 dez. 2002, FBIS Near East and South Asia (FBIS-NES), 2002–1216.

[15] SHI, Yinhong. The rising China: essential disposition, secular grand strategy, and current prime problems, *Asian voices: promoting dialogue between the US and Ásia*, Sasakawa Peace Foundation (USA) program, 2002. p. 2-3. Disponível em: <www.spfusa/program/av2002/feb1202.pdf>. Acesso em: 2 fev. 2005. Peter Hays Gries agrumenta que os debatedores chineses expressaram um perturbador consenso: eles "se preocupam que as relações entre Estados Unidos e China sejam amigáveis hoje apenas por causa do Onze de Setembro e do envolvimento norte-americano no Iraque", que "teriam poupado a China brevemente da ira dos Estados Unidos". Veja GRIES, Peter Hays.China eyes the hegemon, *Orbis*, Summer 2005. p. 401-412.

[16] Wang, 2004:4-5.

[17] Para um comentário surpreendentemente estridente, veja as observações de Qian Qichen – ex-ministro chinês das Relações Exteriores, e ainda influente no campo das questões internacionais – publicadas no jornal *China Daily*, 1 nov. 2004. Qian se referiu à "doutrina Bush" como uma doutrina baseada na força: "ela defende que os Estados Unidos devem dominar o mundo inteiro com força preponderante, em particular a força militar". Descrevendo os Estados Unidos como arrogantes criadores de caso, Qian também afirmou que a abordagem de Washington estava fadada ao fracasso, uma vez que a política mundial teria mudado e suas tentativas de realizar metas imperialistas centrais seriam frustradas pelo poderio macio e pelo multilateralismo (as autoridades chinesas rapidamente removeram essa controversa afirmação de editorial aberto do sítio oficial do *China Daily*). Uma pesquisa de opinião pública feita em março de 2005 com 1.175 famílias em cinco grandes cidades chinesas teve como resultado que "71% dos entrevistados tinham uma visão positiva dos norte-americanos. Mas 57% também disseram crer que os Estados Unidos estavam tentando limitar o avanço da China". O dado de 71% talvez não seja tão surpreendente quanto pode parecer à primeira vista, uma vez que as áreas urbanas se beneficiaram desproporcionalmente da abertura chinesa. Ver MAGNIER, Mark.. *Chinese urbanites are of two minds on US, poll finds*, 4 mar. 2005. Disponível em <www.latimes.com/news/nationworld/world/>. Acesso em: 16 mar. 2005.

[18] Foreign Broadcast Information Service 2002–0806.

[19] ZHENG, Bijian. China's 'peaceful rise' to greatpower status, *Foreign Affairs*, v. 84, n. 5, Sept./Oct. 2005.

[20] SUISHENG, Zhao. Chinese nationalism and pragmatic foreign policy behavior. In: SUISHENG, Zhao (Eds.). *Chinese foreign policy: pragmatism and strategic behavior.* Armonk, NY: M. E. Sharpe, 2004. p. 85.

[21] Para uma explicação mais completa, veja FOOT, Rosemary. China's regional activism: leadership, leverage, and protection, *Global Change, Peace and Security*, v. 17, n. 2, p. 141-153, June 2005; SHAMBAUGH, David. China engages Asia: reshaping the regional order. *International Security*, v. 29, n. 3, p. 64-99, Winter 2004/2005; e GOLDSTEIN, Avery. *Rising to the challenge: China's grand strategy and international security*. Stanford, CA: Stanford University Press, 2005, especialmente o capítulo 5.

[22] TANG, Jiaxuan. Discurso publicado no site do Ministério Chinês das Relações Exteriores, 2003. Disponível em: <www.fmprc.gov/cn/>. Acesso em: 16 maio 2003. De fato, a expressão "ascensão pacífica" veio a ser substituída na China por "desenvolvimento pacífico", e o discurso de Tang foi um dos primeiros sinais dessa mudança.

[23] Foreign Broadcast Information Service 97–219.

[24] MEDEIROS, Evan; FRAVEL, R. Taylor. China's new diplomacy, *Foreign Affairs*, v. 82, n. 6, p. 22-35, Nov./Dec. 2003.

[25] MILLER, H. Lynam; XIAOHONG, Liu. The foreign policy outlook of China's 'Third Generation' elite. In: LAMPTON, David M. (Ed.). *The making of Chinese foreign and security policy*. Stanford, CA: Stanford University Press, 2001. p. 144-145; GONG, Gerrit W..The international strategy of China's new leaders. In: CHU, Yun-han; LO, Chih-cheng; MYERS, Ramon (Eds.). *The new Chinese leadership: challenges and opportunities after the 16th Party Congress*. Cambridge: Cambridge University Press, 2004.

[26] Ver Goldstein, 2005, especialmente os capítulos 6 e 7.

[27] Gries, 2005:10.

[28] Uma das declarações mais claras com os motivos desse curso de ação está contida no relato de WANG, Jisi. China's search for stability with América, *Foreign Affairs*, v. 84, n. 5, Sept./Oct. 2005.

[29] NARLIKAR, Amrita; TUSSIE, Diana. The G20 at the Cancun ministerial: developing countries and their evolving coalitions in the WTO, *The World Economy*, v. 27, n. 7, p. 952-953, July 2004.

[30] YONG, Deng; MOORE, Thomas. WTO chief turns to China to rally developing nations. *South China Morning Post*, 11 Nov. 2003. p. 7.

[31] Por exemplo, a respeito das críticas norte-americanas ao histórico de direitos humanos da China, Pequim produz regularmente o seu próprio relatório crítico do histórico dos Estados Unidos e, na comissão de Direitos Humanos da ONU (UNCHR), tem feito constante uso das moções de defesa da inação (*no-action motions*) para obstruir o avanço de projetos de resolução patrocinados pelos Estados Unidos com críticas às práticas chinesas de direitos humanos. Mais geralmente, a China tem sido também capaz de influenciar o trabalho da UNCHR e de sua subcomissão, e tem sido uma liderança dentro do Grupo de Posições Afins (Like Minded Group, LMG) ao propor que a comissão não redija mais resoluções a respeito de países específicos. Veja ASIAN CENTRE FOR HUMAN RIGHTS. Shame! Killing the CHR, *Asian Centre for Human Rights*, New Delhi, 2005. Disponível em: <www.achrweb.org>. 16 fev. 2005. Acesso em: 20 fev. 2005.

[32] Evelyn Goh define "cobertura" (*hedging*), em referência às políticas da Ásia do Sul e do Leste, como "um conjunto de estratégias com o fim de evitar (ou preparar a ação contingencial no caso de) uma situação na qual os Estados não conseguem mais se decidir quanto a alternativas marcantes, como balanceamento, carona ou neutralidade". Meu próprio uso do conceito reflete claramente essa noção, mas eu enfatizaria uma decisão mais ativa pela China em prestigiar as congruências de interesses com os Estados Unidos, juntamente com o receio de que essa estratégia poderia se tornar insustentável no final – daí a necessidade de um "seguro político", para o caso de a relação se deteriorar significamente. Veja GOH, Evelyn. *Meeting the China challenge: the US in Southeast Asian regional security strategies*, Policy Studies 16. Washington DC: East–West Center, 2005. p. viii e 2-3. Para outras importantes contribuições nessa discussão quanto à natureza da estratégia chinesa, veja Gries, 2005:38-39, que fala de "barganha, coesionamento e amortecimento" (*bargaining, binding and buffering*), descrevendo-a como uma "estratégia de transição" que "visa evitar as consequências provocadoras das estratégias mais marcantemente hegemônicas e balanceadoras". Ver GOLDSTEIN, Avery, 2003, An emerging China's emerging grand strategy: a neo-Bismarckian turn? In: IKENBERRY, G. John; MASTANDUNO, Michael (Eds.). *International relations theory and the Asia–Pacific*. New York: Columbia University Press, 2003. Goldstein também a descreveu como uma "estratégia neobismarckiana".

[33] Renwei Huang colocou a questão nos seguintes termos: "Uma das prioridades da China em manter um ambiente internacional vantajoso é reassegurar relações com os seus vizinhos e evitar uma rede de constrangimentos construída pelos Estados Unidos em suas vizinhanças." Ver HUANG, Renwei. *On the international and external environments for a rising China*, SASS Papers 9. Shanghai: Shanghai Academy of Social Sciences Press, 2003. p. 84.

[34] De acordo com ZWEIG, David; JIANHAI, Bi. China's global hunt for energy, *Foreign Affairs*, v. 84, n. 5, Sept./Oct. 2005. Especialmente p. 25, "a parcela combinada da China no consumo mundial de alumínio, cobre, níquel e minério de ferro mais do que dobrou em meros 10 anos, de 7% em 1990 para 15% em 2000; ela já alcançou em nossos dias 20% e provavelmente dobrará de novo até o final da década". Há duas décadas, a China era o maior exportador de petróleo do Leste asiático, mas "agora é o segundo maior importador do mundo."

[35] Diversos artigos no periódico *International Security*, v. 30, n. 1, Summer 2005, exploram a noção de contraposição leve em resposta ao poder e ao comportamento dos Estados Unidos, alguns deles defendendo que esse processo está, de fato, ocorrendo, e que a China, entre outros, o tem adotado. Outros autores acreditam que há pouca evidência para apoiar a afirmação.

[36] Shi, 2002:7.

[37] Afirma-se que o diretor-geral de Assuntos Asiáticos no ministério de Relações Exteriores da China, Cui Tiankai, disse: "Nós [a China] não deveríamos tentar excluir os Estados Unidos de nossa região. Os Estados Unidos estão presentes há muito tempo e de modo abrangente aqui, e deveriam contribuir para a segurança, a estabilidade e o desenvolvimento regional." Citação extraída de Shambaugh, 2004/2005:91. Wang, 2005, aponta interesses comuns entre Washington e Pequim.

[38] GOMPERT, David C.; GODEMONT, François; MEDEIROS, Evan S.; MULVENON, James C. *China on the move: a Franco-American analysis of emerging Chinese strategic policies and their consequences for transatlantic relations*. In: RAND NATIONAL DEFENSE RESEARCH INSTITUTE CONFERENCE *Proceedings...*, 2005. Disponível em: <www.rand.org>. Acesso em: 21 mar. 2005. Especialmente p. 39-41; GILL, Bates. China as a regional military power. In: BUZAN, Barry; FOOT, Rosemary (Eds.). *Does China matter? A reassessment*. Londres: Routledge, 2004. p. 126-127, escreve que, especialmente desde meados dos anos 1990, "Em grande medida, [...] a situação ao longo do Estreito de Taiwan é o móbile primário por trás desse remodelamento dos requerimentos doutrinais e de missão do Exército de Libertação Popular." Veja também Shambaugh, 2004/2005:85-86, onde se argumenta que o Exército de Libertação Popular tem feito pouco progresso em aprimorar sua capacidade de projetar poder.

[39] Gompert et al., 2005:41-44. Como escreveu Peter Van Ness, a Revisão da Postura Nuclear "identificou especialmente a China como um dos sete alvos possíveis para um ataque nuclear pelos Estados Unidos, e uma confrontação entre RPC e Taiwan como um dos três cenários possíveis nos quais armamentos nucleares poderiam ser usados". Veja sua conclusão em GURTOV, Mel; VAN NESS, Peter (Eds.). *Confronting the Bush doctrine: critical views from the Asia–Pacific*. Londres: RoutledgeCurzon, 2005. p. 264. Uma visão menos dramática do programa de modernização nuclear da China está em GOLDSTEIN, Lyle L.; ERICKSON, Andrew S. (Eds.). *China's nuclear force modernization*, Newport Paper 22. Newport, RI: Naval War College Press, 2005. Veja também US OFFICE OF THE SECRETARY OF DEFENSE 2005, Relatório Anual ao Congresso, *The military power of the People's Republic of China 2005*. US Office of the Secretary of Defense 2005.

[40] Wang, 2004:6.

[41] Shi, 2002:4.

[42] Shi, 2002:8.

[43] FOREIGN BROADCAST INFORMATION SERVICE 2004-0120, PRC's Qian Qichen writes on US security strategy, international relations, FBIS-CHI-2004–0120. *Renmin Ribao*, 19 Jan. 2004.

[44] FOREIGN BROADCAST INFORMATION SERVICE 2003-0601, Hu Jintao makes proposals for world development in address at Evian, FBIS-CHI-2003–0601. *Xinhua*, 1º June 2003.

[45] RPC-ONU 2005. Position paper of the People's Republic of China on the United Nations reforms, 7 jun. 2005. Disponível em: <www.fmprc.gov.cn/eng/zxxx/t199318.htm>. Acesso em: 14 jun. 2005.

[46] RPC-ONU 2005:12-13.

[47] FOREIGN BROADCAST INFORMATION SERVICE 2003-0730 – JIAN, Xu; ZHENYUAN, Guo. Major threats and dangers facing China, FBIS-CHI-2003–0730. *Liaowang*, 21 July 2003; FOREIGN BROADCAST INFORMATION SERVICE 2003-0728 – XUEJIANG, Li. The pursuit of unipolar world order by the US will only boost US hegemony, not peace, FBIS-CHI-2003–0728. *Renmin Ribao*, 28 July 2003.

[48] JOHNSON, Alastair Iain. Socialization in international institutions: the Asean way and international relations theory In: Ikenberry; Mastanduno, 2003:132. Segundo o autor, os responsáveis no Ministério de Relações Exteriores pela diplomacia multilateral dentro de órgãos como o Fórum Regional Asean chegaram a aceitar que o multilateralismo é intrinsecamente "bom" para a segurança chinesa e regional". Concordo que algumas pessoas no ministério realmente têm essa perspectiva positiva quanto ao multilateralismo, mas meu argumento geral pressupõe que a perspectiva chinesa dominante na questão é a de sua utilidade na promoção da política de "seguro" ou "cobertura".

[49] NATHAN, Andrew J.; GILLEY, Bruce. *China's new rulers: the secret files*. London: Granta, 2003. p. 207.